WILD
UND WILDGEFLÜGEL

Arnim Basche
Renate Kissel

WILD
UND WILDGEFLÜGEL

Mit über 100 Rezepten,
exklusiv fotografiert von
Hans Joachim Döbbelin

SIGLOCH EDITION

Inhalt

Plädoyer für die Jagd	6
Die Geschichte der Jagd	**9**
Vom Faustkeil zu Pfeil und Bogen	10
Eiszeitjagd und Naturkühlschränke	10
Die ersten Haustiere	11
Ackerbau fürs Volk – Jagd als Privileg	12
Perfekte Organisation, detaillierte Anleitungen	13
Barocker Aufwand fürs Jagdvergnügen	15
Vom Adelsprivileg zum Bundesjagdgesetz	16
Von Hirsch & Co.	**19**
Ein Wunderwerk der Natur	19
Haarwild – Knochenträger: Elch, Rotwild, Damwild, Rehwild	20
Haarwild – Hornträger: Gamswild, Muffelwild, Steinwild	24
Schwarzwild	26
Hasenartige: Hase, Wildkaninchen	28
Federwild	**31**
Vom Fasan und anderen Vögeln	31
Hühnervögel: Fasan, Rebhuhn, Wildtruthuhn, Wachtel, Rauhfußhühner	31
Schnepfenvögel	35
Tauben	35
Schwimmvögel: Wildenten, Wildgänse	36

Zur Abbildung auf Seite 2:
Dem erlegten Wild zollen Jäger nach überliefertem Brauch Respekt: indem sie ihm den „letzten Bissen" geben, es zur Strecke legen und mit dem entsprechenden Tot-Signal verblasen.

Inhalt

Wildbret und seine Behandlung	39
Küchenpraxis	42
Haarwild	42
Wildbret vorbereiten	43
Federwild	44
Vorbereitung des Wildgeflügels in der Küche	45
Brat- und Garzeiten, Portionen	47
Die besten Beilagen zu Wild	47
Würzen	49
Getränke	50
Grundrezepte: Brühen, Saucen, Marinaden, Beizen	50
Die Rezepte	**56–173**
Suppen und kleine Gerichte aus Wald und Flur	57
Kurz gebraten – wenn's eilt	77
Klassisch: Schmoren und Dünsten im Topf	87
In aller Ruhe im Ofen zubereitet	109
Zum Abschluss: Desserts, Gebäck, Getränke	149
Anhang	166
Kleines ABC der Jägersprache,	166
Jagd- und Schonzeiten	169
Register der Rezepte alphabetisch	170
Kleines Sachregister	171
Register der Rezepte nach Wildarten	172
Literatur, Bildquellen, Impressum	174

Plädoyer für die Jagd

Gemessen am Alter der Erde ist es weniger als einen Wimpernschlag her – etwa 20 000 Jahre, dass es auch in Mitteleuropa weite Grasflächen, unendliche Tundren und riesige Urwälder gab. In diesen Revieren jagte der Mensch der Vorzeit, um sich Nahrung zu beschaffen. Aus dem ehemaligen Garten Eden sind vom Herrn der Welt jedoch schon lange nach seinem Willen getrimmte Kultursteppen geworden. Die Jagd aber gibt es immer noch. Von ihr allein könnten wir uns heute allerdings nicht mehr ernähren – denn in Deutschland liefern 340 000 Jäger pro Jahr gerade mal 28 000 Tonnen Wildbret in die Küchen. Verglichen mit anderen Zahlen der Lebensmittelbranche ist das nur ein Klacks und scheinbar kaum der Mühe wert. Trotzdem ist die Jagd unverzichtbarer als je zuvor! Da große Raubtiere in unseren Breiten ausgestorben sind, würde sich zumindest das Schalenwild ohne Jäger so stark vermehren, dass es bald keine ausreichende Nahrungsgrundlage mehr hätte. Die Folgen wären Degeneration, seuchenhaftes Auftreten von Krankheiten und schließlich der Exitus ganzer Arten. Der ausgebildete und in einem schwierigen Examen auf Herz und Nieren geprüfte Waidmann spielt daher auch den Part von Bär, Wolf und Luchs. Dabei wird er jedoch vom Bundesjagdgesetz in die Pflicht genommen, das von ihm zunächst die Hege eines artenreichen, gesunden und angemessenen Wildbestandes fordert, im selben Paragraphen jedoch die Auflage macht, bei diesem Bemühen Schäden an der Land-, Forst- und Fischereiwirtschaft zu vermeiden. Deshalb diktieren ihm Abschusspläne der jagdlichen Behörden, was und wie viel er im verantwortungsbewussten und waidgerechten Umgang mit der Kreatur erlegen darf – und zur Aufrechterhaltung eines funktionierenden ökologischen Gefüges manchmal auch muss. Die Jagd des 20. Jahrhunderts ist also ein öffentlicher Auftrag zur Erhaltung und zum Schutz des Wildes – und ein Garant dafür, dass unsere Nachkommen wild lebende Tiere eines Tages nicht in einer zoologischen Peepshow bestaunen müssen.

Wir wären jedoch verlogene Heuchler, wenn zur Legitimation der Jagd nur diese Argumente angeführt würden. Denn da ist noch etwas, das uns in die Wälder treibt: nämlich der tief im Menschen wurzelnde Trieb, Beute machen zu wollen. Da gibt es nichts zu deuten – so sind wir nun mal! Eine Art grüner James Bond mit der Lizenz zum Töten ist der Jäger trotzdem nicht. Auch nicht der kaltblütige Vollstrecker eines paragraphierten Auftrags. Denn Jagen bedeutet mehr als das Erlegen von Wildtieren. Der Mensch taucht ein in die Natur, versinkt in ihr, lässt sich von einer winterlichen Mondnacht verzaubern, schmeckt die jahreszeitlich unterschiedlichen Düfte des Waldes und freut sich an den Farben von Blumen und Blättern. Der empfindsame Jäger bestaunt den Sonnenaufgang, genießt das Wohlgefühl nach der Strapaze einer Bergjagd, lauscht dem Schlag des Finken an einem taunassen Morgen und dem einlullenden Schnurren der Turteltauben an heißen Sommertagen. Er betrachtet den Mückenschwarm im Gegenlicht, folgt dem gaukelnden Flug des Falters, gewinnt noch dem Rauschen des Regens, dem Murmeln des Baches und dem Flüstern des Windes in den Baumkronen etwas ab – und gibt sich nicht zuletzt dem Weben am Gespinst der eigenen Gedanken hin. Wenn es um die Jagd geht, hält es der Autor dieser Zeilen deshalb mit den trefflichen Worten des spanischen Philosophen Ortega y Gasset, der gesagt hat: „Wir jagen nicht um zu töten, sondern töten um gejagt zu haben."

Links: Alle heimischen Wildarten sind per Gesetz in die Obhut der Jäger gegeben. In Deutschland gibt es 340 000 Waidmänner – die verpflichtet sind, nach den Vorschriften des Bundesjagdgesetzes und den ethischen Regeln der Waidgerechtigkeit zu jagen.

Rechts: Rotwild braucht als Lebensraum ausgedehnte Waldgebiete. Wenn es der Abschussplan erlaubt, kann das Jagdglück auch in Gestalt solcher Stücke winken. Verständlich, dass der Hirsch bei uns das Prädikat „König der Wälder" trägt.

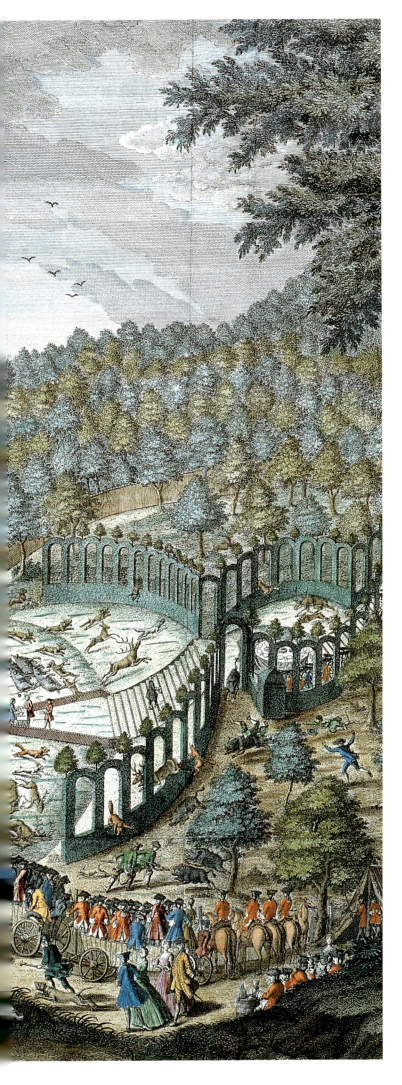

Die Geschichte der Jagd

An einem Abend im September hockt der Jäger wieder einmal auf seinem Lieblingssitz. Vor ihm liegt eine leicht ansteigende, von einem tiefen Graben geteilte Fichtenkultur mit einer alten, abgestorbenen Eiche. Dahinter erstreckt sich eine lang gezogene Dickung, die als bevorzugtes Einstandsgebiet des Rotwildes bekannt ist. Noch regt sich nichts. Nur ein Buntspecht sucht am Stamm der Baumruine nach Insekten. Der Jäger sinnt. Weit schweifen seine Gedanken in die Vergangenheit. Tausende, ja Millionen von Jahren. Und wie so oft fragt er sich, welches Datum die Stunde null der Jagd wohl haben mochte. Niemand weiß es genau. Bekannt ist ja nicht einmal, wann affenartige Lebewesen sich aufrichteten und auf zwei Beinen zu laufen begannen. Es könnte vor ungefähr 6 Millionen Jahren gewesen sein. Aber das ist nur eine Annahme, keine Gewissheit. Als gesichert gilt jedoch, dass dieser fundamentale Akt unserer Entwicklung – der auch die Erhebung über alles übrige Getier einleitete – irgendwo in den Weiten Afrikas vor sich ging. Individuen wie Herr Meier und Frau Schulze waren es allerdings noch nicht, die danach durch die Savannen und Steppen des afrikanischen Kontinents streiften – aber Affen auch nicht mehr. Die anthropologische Wissenschaft meint, dass der Mensch als Gattung vor etwa 2,5 Millionen Jahren zum ersten Mal auftrat. Zu unserem Ebenbild wurde er über verschiedene Entwicklungsstufen freilich erst viel später. Ein archaische Form des Homo sapiens gab es in Afrika bereits vor mehr als 350 000 Jahren. Aus ihr entstand vor etwa 150 000 Jahren schließlich der moderne Mensch, der vor rund 40 000 Jahren nach einer langen Wanderung in Europa eintraf. Es waren Wesen wie du und ich – hoch begabt, geschickt und erfindungsreich sowie mit allen Anlagen ausgestattet, um auch mit dem heutigen Leben fertig zu werden. Denn wie wir besaßen sie eine Hirnmasse von durchschnittlich 1 310 Gramm. Bei entsprechender Ausbildung hätten sie Sinfonien komponieren und am offenen Herzen operieren können, würden Flugzeuge gesteuert und Computer bedient haben – als deren Erfinder sie zuvor zum Patentamt gegangen wären. Zunächst waren sie aber erst einmal

Vorbei sind die Zeiten jener höchst unfairen Jagd-Art: Am 8. Oktober 1748 wurden bei Leonberg in Württemberg Wildtiere zu Tausenden erst zusammengetrieben und dann in einer so genannten „eingestellten oder teutschen Jagd" erlegt.

große Jäger. Die mussten sie auch sein, denn ohne Jagd hätte der Überlebenskampf in einer größtenteils eiszeitlichen Umwelt nicht gewonnen werden können.

Vom Faustkeil zu Pfeil und Bogen

Anfangs gingen unsere Vorfahren mit Steinen auf ihre Beutetiere los. Universalgerät war damals der aus diesem Rohstoff gefertigte Faustkeil. Schließlich kamen geeignete Knochen von Skeletten hinzu, dann Holz und Horn – und irgendwann wird es ihrem allmählich größer werdenden Hirn gedämmert haben, dass sich die Wirksamkeit der Geräte durch die Kombination der Materialien steigern ließ. Äxte mit Steinschneiden entstanden, Harpunen und Speere mit Knochenspitzen oder Hornenden. Die Fähigkeit, noch wirksamere Werkzeuge zu erfinden, wurde immer ausgeprägter. Der Denkapparat lief auf Hochtouren und gab eines Tages den Impuls zur Entwicklung der Speerschleuder. Durch sie konnte das Gerät dank der Hebelgesetze mit noch mehr Wucht ins Ziel gebracht und vor allem weiter geworfen werden. Ein Geistesblitz der besonderen Art war etwa 15 000 v. Chr. auch die Erfindung einer anderen ferntreffenden Schusswaffe: die von Pfeil und Bogen – wodurch das Arsenal des Urweltmenschen erneut um einen wirkungsvollen Waffentyp reicher wurde. Das ständige Tüfteln führte im Zusammenspiel mit sozialen und kulturellen Komponenten sowie Kraftfutter in Form von proteinreichen Mahlzeiten im Laufe der letzten 3 Millionen Jahre zu einer Verdreifachung des Hirnvolumens und bedingt dadurch zu einer Steigerung der Hirnleistung – womit die Jagd entscheidend dazu beigetragen hat, dass der Mensch höhere geistige Sphären erreichen konnte. Deshalb

Mit Lanzen aus zähem Eibenholz oder Steinbeilen waren Eiszeitjäger in der Lage, selbst Bären auf den Pelz zu rücken. Hier steht das Skelett eines Höhlenbären aus der Bärenhöhle auf der Schwäbischen Alb.

bezeichnet der Zoologe Prof. Dr. Klaus Fischer sicherlich nicht zu Unrecht die Jagd als Mutter aller Dinge.

Nachdem die frühen Hominiden sich zunächst nur als Sammler betätigten, schlüpften sie in einem Vorgang, der mit schneckenhafter Langsamkeit ablief, allmählich in die Rolle des Jägers. Wann aber begann das, was wir unter „Jagd" verstehen, zum entscheidenden Faktor bei der Beschaffung von Nahrung zu werden? Wie schon gesagt: das genaue Datum mit der Angabe „vor soundso vielen Jahren und Tagen an einem Freitag um halb acht" kennen wir nicht. Logischerweise muss der Start dieser für die Menschheit so ungemein wichtigen Handlung zu einem Zeitpunkt erfolgt sein, an dem geeignete Utensilien zum Erlegen von größeren Tieren eingesetzt werden konnten. Daher wissen wir wenigstens, wie alt die Jagd mindestens ist. 400 000 Jahre! Bei Ausgrabungen im Braunkohlentagebau Schöningen in der Nähe von Helmstedt buddelte Dr. Hartmut Thieme seit 1995 nämlich sieben Speere aus der Erde, die aus einer so lange zurückliegenden Zeit stammen. Die ältesten Jagdwaffen der Menschheit sind 1,80 bis 2,50 Meter lang, verblüffend gediegen aus Fichtenstämmchen gearbeitet und so hervorragend ausbalanciert wie das Sportgerät eines Leichtathleten des 20. Jahrhunderts. Benutzt wurden sie von Jägern, die an einem ehemaligen See auf Wildpferde lauerten. Sie waren vom Typ *Homo erectus,* der vor ungefähr 1,8 Millionen Jahren auf den Plan trat – und als erfolgreicher Großwildjäger wahrscheinlich schnell passendes Gerät zur Hand gehabt hatte. Als er in Schöningen Beute machte, konnte sein Hirnvolumen übrigens schon mehr als 1 100 Kubikzentimeter aufweisen!

Eiszeitjagd und Naturkühlschränke

Derart ausgerüstet, rückten unsere Vorfahren den jeweiligen Fleischlieferanten also zu Leibe. In Europa machten sie dabei auch vor den wehrhaften Giganten der Eiszeit-Fauna nicht halt. Das beweist eine im niedersächsischen Lehringen gefundene Lanze aus Eibenholz, die zwischen den Rippen eines Waldelefanten steckte. Mit dieser Stoßwaffe war der Koloss vor ungefähr 120 000 Jahren von einem schneidigen Jäger attackiert worden. Weiteres Großwild waren Mammut, Wollnashorn, Bison, Wisent und Auerochse. Von den Raubtieren wurden Bär, Löwe, Wolf und Fuchs bejagt. Ebenfalls auf dem Speisezettel stand alles Kleingetier, sämtliches Flugwild sowie jeder Fisch – und natürlich Elch, Hirsch und Ren, wobei Letzteres für manche Jägerhorden so bedeutend war, dass die Prähistoriker eine bestimmte Epoche der Steinzeit auch als „Rentierjäger-Kultur" bezeichnen.

Nicht vergessen werden darf das Wildpferd, das in seiner damaligen Erscheinungsform noch heute als *Equus*

Bei der Jagd auf Hirsche versicherten sich Steinzeitjäger bereits vor Tausenden von Jahren der Dienste gezähmter Wölfe – der Vorfahren des Hundes (Ausschnitt eines Felsbildes im spanischen Alpera).

przewalski in zoologischen Gärten zu sehen ist. Es wurde wie andere Tiere an Wechseln, Tränken und wahrscheinlich auch in Fallgruben erbeutet. Wenn es sich ergab, veranstaltete der gesamte Clan sogar regelrechte Treibjagden und hetzte es über steile Felswände in Abgründe oder Schluchten. So eine geologische Formation glaubten die Forscher zum Beispiel bei Solutré in Südfrankreich gefunden zu haben, wo die Gerippe von mehr als 200 000 Wildpferden durch die Jahrtausende moderten. Mittlerweile wissen sie jedoch, dass die Geländesituation nicht dazu geeignet war, eine Pferdeherde über die Klippen zu treiben. Außerdem wurden die Knochenlager nicht am Fuße der vermuteten Absturzstelle gefunden, sondern weiter von ihr entfernt. Daher geht man jetzt davon aus, dass die Wildpferde bei ihrer Herbstwanderung in den Süden an einer besonders engen Stelle des Tales auf herkömmliche Weise bejagt wurden. Anhand von Feuersteingeräten ihrer Erleger ist auch bekannt, dass dies vor 25 000 Jahren in der jüngeren Altsteinzeit geschah.

Falls das Fleisch der Beutetiere nicht sofort verwertet werden konnte, konservierte man es übrigens. Als natürliche Kühlschränke boten sich der vom Permafrost vereiste Boden oder das kalte Wasser von Teichen an. Amerikanische Paläoarchäologen haben im Bundesstaat Michigan in einem verlandeten See jedenfalls eine Stelle entdeckt, die von solchen Praktiken kündet. Durch ein Experiment fanden sie auch heraus, dass in kühlem Wasser eingelagertes Fleisch viele Wochen in genusstauglichem Zustand bleibt.

Die Jagd der Frühzeit wird freilich nicht immer zu solchen Ergebnissen geführt haben wie in Solutré. Tatsächlich war es wohl eine außerordentlich zeitaufwendige und vor allem unsichere Sache, damals sein Steak zu bekommen. Das signalisieren als älteste Zeugnisse menschlichen Kunstschaffens auch die grandiosen, unglaublich ausdrucksstarken Ritzzeichnungen und Malereien in mehr als 100 unterirdischen Höhlen. In den „Ateliers" von Altamira, Lascaux oder Chauvet bannten Steinzeit-Picassos nämlich alle möglichen Tiere an Decken und Wände, deren wundervolle Darstellungen auch als visionäre Beschwörungen für eine erfolgreiche Jagd gedeutet werden können. Denn die Urangst vor Hunger und Kälte ging um.

Die ersten Haustiere

Zu jener Zeit wurden die Lagerplätze der Jäger schon lange von einem Tier umschlichen und umschnüffelt, das sich schließlich zum ältesten und treuesten Gefährten des Menschen entwickelte: dem Hund – oder besser gesagt, seinem Vorfahren. Denn was heute in ungefähr 200 Rassen als *Canis familiaris* an allen Ecken das Bein hebt, stammt von *Canis lupus,* dem Wolf, ab. Der älteste Hund ist übrigens in Oberkassel bei Bonn begraben. Jedenfalls fand man dort ein Skelett, das auf rund 14 000 Jahre datiert wird und aus der zu Ende gehenden Altsteinzeit stammt. Dass der Hund die Beutezüge der Altvorderen schon recht früh begleitete, gilt als erwiesen. In einer stadtähnlichen Siedlung aus der Jungsteinzeit, die in Çatal Hüyük in Anatolien dem Schutt der Jahrtausende entrissen wurde, ist beispielsweise ein großes Wandbild zu sehen, das einen Bogenschützen und seinen vierbeinigen Jagdhelfer zeigt, die Wild verfolgen.

Ackerbau fürs Volk, (Löwen-)Jagd als Privileg – das assyrische Alabasterrelief von etwa 650 v. Chr. zeugt von diesem Klassenunterschied.

Als der unbekannte Künstler vor etwa 7 800 Jahren zu Pinsel und Palette griff, wurde die Fauna also schon längst von jenem Phänomen heimgesucht, das als das älteste biologische Experiment bezeichnet wird – dem der Domestikation nämlich. Unter ihrem Zugriff waren nach dem Wolf mit Schaf und Ziege, Schwein und Rind die nächsten Tiere an der Reihe, deren Leben als Art sich veränderte. Aber auch die Existenz des Menschen geriet in eine neue Phase. Als die Gletscher der letzten Eiszeit vor etwa 12 000 Jahren den Rückzug antraten, kam es nämlich zur ersten Revolution der Menschheitsgeschichte – jedenfalls nennen wir diesen Vorgang so. Sie verlief jedoch friedlich, weil niemand auf die Barrikaden kletterte. Trotzdem gab es eine System-Änderung. Denn durch die „neolithische Revolution" wurde der bisher frei umherschweifende Jäger und Sammler sesshaft. Er erfand die Landwirtschaft, bestellte die Erde mit Kulturpflanzen und züchtete Vieh nach seinen Vorstellungen – produzierte seine Hauptnahrungsmittel also selbst! Mit dem Muster der ersten Wohlstandsgesellschaft begann jedoch gleichzeitig die offenbar unaufhaltsame Demontage unseres Planeten.

Ackerbau fürs Volk – Jagd als Privileg

Die ersten Ackerfurchen wurden vor rund 10 000 Jahren im Zweistromland von Euphrat und Tigris gezogen. Obwohl die Jagd immer noch zur Ernährung beitrug, geriet sie nun langsam ins Hintertreffen. Bei kulturell hoch entwickelten Völkern – wie den alten Ägyptern – wurde sie bald nur noch als Sport der Hautevolee betrieben. Unter anderem beweisen das viele kunstvoll ausgeführte Wandmalereien und Reliefs. Auch bei den Griechen und Römern jagten fast nur Standespersonen. Eine von ihnen lieferte dann auch die erste Abhandlung zum Thema Jagd. Denn der griechische Heerführer Xenophon, der um 430 v. Chr. geboren wurde und sich in seiner Freizeit als exzellenter Schriftsteller über alles Mögliche ausließ, verfasste unter dem Titel „Kynegetikos" das älteste Jagdbuch der Welt. Platon, Cicero, Vergil und Horaz äußerten sich in philosophischer oder dichterischer Form ebenfalls über diesen Urtrieb des Menschen – und der römische Konsul Flavius Arrianus, der im 2. Jahrhundert n. Chr. lebte, berichtet als offensichtlicher Praktiker nicht nur über die Erfolg versprechendsten Jagdmethoden und die Hundezucht, sondern denkt als Jäger über das zu erbeutende Wild auch ausgesprochen fair. „Das Ziel des wahren Sportsmannes ist nicht die Erbeutung des Hasen, sondern es besteht darin, ihn zu einem Wettrennen oder Duell zu bewegen. Er ist erfreut, wenn es dem Tier gelingt, zu entkommen!", schreibt der vornehm denkende Patrizier.

So weit war man jenseits der Alpen noch lange nicht. Aber dort ging der Fortschritt, auch der ideelle, eben noch auf Zehenspitzen. Mit Riesenschritten näherte man sich jedoch auch in diesen Breiten dem Punkt, von dem an die Ernährung der Menschen durch die Jagd allein gar nicht mehr möglich war. Denn sie waren fruchtbar und mehreten sich, so dass ihre Zahl ständig größer wurde – die des Wildes aufgrund der Umweltveränderungen aber immer mehr abnahm.

Nachdem die Jagd in den germanischen Gefilden bis in die Neuzeit hinein von jedem ausgeübt werden durfte, der eine Waffe handhaben konnte, schloss man den gemeinen Mann von Jahrhundert zu Jahrhundert langsam von ihr aus. Schluss mit der freien Jagd war etwa 500 n. Chr. Von nun an wurde das Waidwerk zum Vorrecht privilegierter Personen, die nahezu ausschließlich aus den Kreisen des Adels stammten. Es kam aber noch dicker: Das erste Jahrtausend der neuen Zeitrechnung war noch nicht zu Ende, als hohe Strafen ins ärmliche Haus standen, wenn einer früher für jeden selbstverständlichen Tätigkeit in Gebieten nachgegangen wurde, die für Unberechtigte gesperrt waren – weil der Herrscher sie für sich selbst beanspruchte. Solche Refugien des Waidwerks nannte man damals Bannforste. Der Karolinger Karl, der 800 n. Chr. in Aachen zum Kaiser gekrönt wurde und später den Zusatz „der Große" erhielt, ärgerte mit solchen Sperrzonen seine Untertanen als Erster. Wahrscheinlich trieb er es in dieser Hinsicht auch etwas zu bunt. Denn er kleckerte nicht, sondern klotzte – und ließ sich in seinem

Prunkspieße, Sauspieße: deutsche Jagdwaffen aus dem 16. und 17. Jahrhundert, handwerklich solide und schön gefertigt.

Reich riesige Flächen reservieren, um dort der Hatz und Pirsch auf urige Wildrinder, kapitale Hirsche oder starke Keiler zu frönen. Waffentechnisch war der hünenhafte Mann dabei nur wenig besser ausgerüstet als die Jäger, die tausend Jahre vor ihm dem Wild nachstellten. Pfeil und Bogen sowie Speer und Spieß – nun allerdings mit Eisenspitzen – waren nach wie vor in Gebrauch. Nur das Jagdschwert musste jetzt auch noch mitgeschleppt werden.

Perfekte Organisation, detaillierte Anleitungen
Unter Karl dem Großen gab es bereits eine straff organisierte Jägerei. Vier Oberjägermeistern und einem Falkenmeister unterstanden das gesamte Jagdpersonal und sämtliche Falkoniere. Alle waren nur zum persönlichen Dienst des Kaisers oder seiner Gemahlin abkommandiert und in drei Gruppen unterteilt. Die einen wurden zur Waldjagd eingesetzt, die anderen betrieben die Feldjagd und der Rest durfte nur dem Wasserwild sowie Fuchs und Dachs nachstellen. An ihrer Seite hatten sie Hunde, die bereits Spezialaufgaben erledigten und aus neun Rassen rekrutiert werden konnten. Unterstützt wurden die Nachfolger des *Canis palustris* aus der Jungsteinzeit sehr oft von fliegenden Helfern – denn der jagdliche Einsatz von Greifen wie Sperbern, Falken, Habichten oder Adlern war in Europa ein schon jahrhundertelang gepflegter Brauch. Sie wurden auf der behandschuhten Faust getragen und auf Reiher, Kraniche, Schwäne oder Wildenten „geworfen", die sie dann im Sturzflug schlugen. Diese Art der Jagd nannte und nennt man noch heute Beizjagd. In China ist sie schon im 7. Jahrhundert v. Chr. ausgeübt worden. Was die Herrschaften im Reich der Mitte dabei später auf die Beine stellten, wissen wir zum Beispiel von Marco Polo. Er berichtet nämlich, dass ein chinesischer Khan für diese Art von Luftschau 10 000 Falkner und Vogelsteller einsetzte. Von Kaiser Friedrich II. ist ein derartiger Aufmarsch nicht bekannt. Dafür gilt der Hohenstaufe, der von 1194 bis 1250 lebte, als prominentester Falkenjäger aller Zeiten. Und zwar wegen seines großartigen Werkes „De arte venandi cum avibus" oder „Über die Kunst, mit Vögeln zu jagen", das eine bis in unsere Tage nicht übertroffene Anweisung für die Beizjagd ist. In ihm beschreibt Friedrich mit dem Wissen einer 30-jährigen Erfahrung alle Arbeiten des Falkners, die Jagdmethoden und Zusammenarbeit mit Hunden sowie Merkmale und Verhaltensweisen der Beutetiere.

Ungefähr zur gleichen Zeit entstand mit der Schrift „De arte bersandi" die älteste Abhandlung über die Rotwildjagd. Als Autor zeichnet ein gewisser Guicennans verant-

Für Wilderer wurden im 19. Jahrhundert Spezialwaffen hergestellt: als zerlegbare Modelle oder sogar als Spazierstöcke getarnt.

wortlich, der in ihr eine kompetente Einführung in die Kunst des Pirschens gibt. Die Pirsch war zu jener Zeit in Deutschland eine Drückjagd mit Spürhunden, Treibern hoch zu Ross und Jägern zu Fuß – also so etwas wie eine Vorläuferin der späteren Parforcejagd. Mehr Erfolg hatte man sicherlich bei der Hagenjagd, die von germanischer Zeit bis zum Ende des Mittelalters zu den beliebtesten Methoden des Waidwerks zählte. „Hagen" bedeuteten damals gepflanzte Hecken, die sich in Feld und Flur mal mäanderartig, mal wie ein Irrgarten in oft kilometerlangen Ausdehnungen erstreckten. Nur der Jagdberechtigte war befugt, sie anzulegen – auch auf fremden Grund und Boden! Für Rehwild waren sie niedrig, für Rotwild drei Meter hoch. Die Hecken hatten Durchlässe, die Bock, Sau und Hirsch als Ein- und Auswechsel kannten. Wenn gejagt werden sollte, verschloss man sie mit Schlingen oder Netzen und scheuchte das Wild dann gegen die Hecken, wo es beim Passieren der Lücken in die Falle ging. Abgesehen davon, dass die Hecken das landwirtschaftlich nutzbare Terrain einengten, mussten die Bauern auch noch für alle möglichen Jagddienste fronen, dass die Schwarte knackte. Außerdem minderte das zum Teil massenhaft vorkommende Getier durch erhebliche Verwüstungen auf den Feldern ihr täglich Brot. Sich dagegen zu wehren, war ihnen kaum, meistens aber überhaupt nicht gestattet. Wer es trotzdem tat, wurde mit oft grausamer Härte bestraft. Selbstverständlich wurden auch keine Entschädigungen geleistet. Deshalb erregten die Jagdgepflogenheiten der Herren landauf und landab Unmut. Anlass dazu lieferte vor allem der oberste Vorgesetzte: Maximilian I., von 1493 bis 1519 Kaiser und Erzjägermeister des Heiligen Römischen Reiches Deutscher Nation. Er war ein leidenschaftlicher Jäger und exzellenter Schütze. „Antragen nach der Schutzen art und abdrucken ist bei ihm allweg ein ding gewesen", wird überliefert. Als Schussinstrument bevorzugte Maximilian übrigens die Armbrust, mit der er sogar die fliegende Ente aus der Luft holte. Dieses Gerät war schon lange „in" und schließlich so perfektioniert worden, dass es geraume Zeit auch den mittlerweile auf den Markt gekommenen Feuerrohren überlegen blieb. Das war freilich kein Wunder, denn die zum ersten Mal im 14. Jahrhundert verwendeten, mittels einer Lunte gezündeten Waffen waren sehr unzuverlässig. Sie funktionierten sozusagen in Zeitlupe – und manchmal überhaupt nicht. Seine Erkenntnisse und Erfahrungen als Waidmann brachte auch Maximilian I. zu Papier. Im „Theuerdank", „Haimlich Gejaid Puech" und „Weißkunig" teilt er späteren Generationen allerlei mit, was ausgesprochen modern klingt und Maßstäbe in jagdlicher Ethik setzt. Von Waidgerechtigkeit ist da ebenso die Rede wie von Schonzeiten, Hege und Winterfütterung. Dass der Habsburger es ernst meinte, beweisen viele Beispiele. So ist es ihm zu verdanken, dass der Steinbock nicht schon damals von der Ausrottung bedroht wurde. 1505 pachtete der Kaiser nämlich ein Revier im Zillertal, wo dieses Wild ideale Lebensbedingungen fand – denn „es wär schadt gewest das dieselben thier ausgeödt worden sein sollen, darum sollte ein

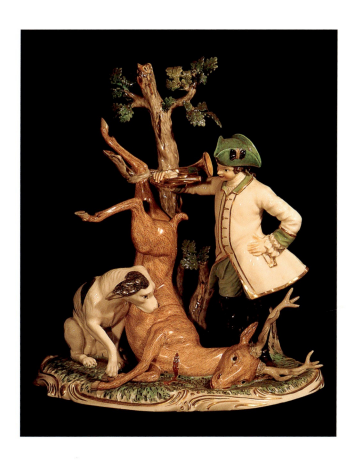

jeder Kunig auf die edl thier, die stainpöck, das dem adl zugeben ist, sein aufmerken haben".

Man kann über Maximilian in jagdlicher Hinsicht aber nicht nur schöne Sachen sagen. Obwohl er wusste, dass die Überhege den Äckern der Bauern unerträglichen Schaden zufügte, wollte er von einer Reduzierung der Wildmassen nichts wissen. Deshalb war es kein Wunder, dass vor allem die ländliche Bevölkerung stöhnte und aufbegehrte – und manche Rebellion auch wegen der Jagd ausgelöst wurde. „Wasser, Wild, Waid und Haid, Wildbann und Fischerei, so seitdem von Fürsten, Herren und Pfaffen gebannet gewesen, sollen frei und offen sein, so dass jeder Bauer jagen und fischen mag, allezeit und überall", forderten unter anderem die Anhänger des „Bundschuh" im 16. Jahrhundert. Bei diesem frommen Wunsch blieb es jedoch. Denn die Fürsten dehnten das Jagdrecht auf das ganze Land aus, nachdem der Bauern-Aufstand 1525 zusammengebrochen war. Nur in Schwaben und in einigen Orten Frankens war dem Normalverbraucher in bestimmten Territorien die „freie Pürsche" erlaubt. Auch den Vogelfang durfte er in manchen Gegenden ausüben – musste dafür allerdings meistens einiges berappen.

Barocker Aufwand fürs Jagdvergnügen

Für ihr jagdliches Vergnügen hatten das auch die „Herren von und zu" seit jeher getan – und dabei manchen Dukaten verpulvert, der besser für die Wohlfahrt des Landes ausgegeben worden wäre. Im Barock wird jedoch alles auf die Spitze getrieben. Das Jagdwesen steigert sich nun zu einer Hochkultur, deren ungeheurer Prunk und Pomp zwar viel Glanz ausstrahlte, aber gleichzeitig düstere Schatten warf und unglaubliches Leid über die Kreatur brachte. Obwohl es die Einteilung in „hohe" und „niedere" Jagd, unzählige Reglementierungen, zeremonielles Brimborium und was weiß nicht alles auch früher schon gab, bläht sich jetzt manches unnatürlich auf. Die aus Frankreich eingeführte und mit großem Aufwand veranstaltete Parforcejagd – bei der hinter der Hundemeute hoch zu Ross durch dick und dünn immer nur einem einzelnen Hirsch oder Keiler nachgestellt wurde – kann man ja noch dulden. Aber nicht das traurige Kapitel der „eingestellten oder teutschen Jagen", die das erbarmungsloseste und unrühmlichste Bild der neueren Jagdgeschichte abgeben. Für sie wurde das Wild in wochenlangen Aktionen mit einem großen Aufgebot an Helfern und mit zweckdienlichen Vorrichtungen zunächst auf engem Raum ausbruchsicher eingepfercht – und dann zur Gaudi vieler vornehmer Gaffer vom Fürsten und seinem Gefolge regelrecht niedergemetzelt. Die entsetzlichste solcher jagdlichen Orgien ereignete sich 1748 im württembergischen Leonberg. Dort hatte man 8 000 Wildtiere zusammengetrieben, von denen 5 000 „erlegt" wurden. Gott sei Dank gab es auch Adlige, die auf dem Teppich blieben, waidgerecht jagten und den grausigen Spuk solcher Veranstaltungen nicht mitmachten. Manche verboten sogar, dem Wild mit Feuerwaffen nachzustellen. „Soviel aber das Schießen mit Büchsen auf die Jagd gehend anlangt, wollen wir solches in Dero Landen nicht gestatten", verkündete bereits 1666 der Kurfürst von Köln. Insgesamt überwiegen im Barock eindeutig die positiven Aspekte der Jagd. In ihm keimte, wuchs und reifte näm-

Oben: Fünfteiliges Waidbesteck und eine Waidpraxe, Werkstücke aus dem Barock – blanke oder kalte Waffen, im Gegensatz zu Feuerwaffen. Getafelt wurde auf Porzellan mit dem Motiv „Jäger aus Kurpfalz" (oben links).

lich manches, von dem wir heute noch zehren. Zum Beispiel erlebte die Darstellung des Waidwerks in Wort und Bild eine wahre Blütezeit. Seit den Tagen der Steinzeitkünstler lieferte die Jagd ja in allen Kulturkreisen – bei den Babyloniern und Ägyptern ebenso wie bei den Griechen und Römern – Vorlagen für die verschiedenen Arten des gestaltenden Schaffens. Nun halten Johann Elias Ridinger und die Mitglieder der Tischbein-Familie mit Pinsel und Grabstichel das waidmännische Geschehen fest und mit der Feder sind Hans Friedrich von Flemming sowie Heinrich Wilhelm Döbel als Jagdreporter am Werk. Je weiter das 18. Jahrhundert jedoch fortschritt, desto mehr wetterleuchtete es am Horizont. Was schließlich kam, war im Programm der herrschenden Klasse nicht vorgesehen – aber selbst verschuldet. Als 1789 die Französische Revolution ein marodes System hinwegfegte und überall in Europa einen Strukturwandel einleitete, wurden mit dem Sturm auf die Bastille auch die so lange erfolgreich verteidigten Bastionen der Jagd geschleift.

Vom Adelsprivileg zum Bundesjagdgesetz

In Deutschland war sie am Anfang des 19. Jahrhunderts allerdings immer noch das Vorrecht des Adels und der hohen Geistlichkeit. Neben der großen Zahl von althergebrachten, mitunter jedoch gar nicht mehr anwendbaren Jagdedikten gab es aber nun schon Verordnungen, die das Verbot gewisser Jagdarten enthielten. Nach den napoleonischen Kriegen wurden dann auch „reputierliche Bürger" als Revierpächter zugelassen und die Ersatzpflicht für Wildschäden wurde per Gesetz geregelt. Grundlegend veränderten sich die jagdlichen Verhältnisse freilich erst durch die Revolution von 1848. Am 5. Oktober jenen Jahres erklärte die Nationalversammlung des Deutschen Bundes, dass „die Jagdgerechtigkeit auf fremdem Grund und Boden, Jagddienst, Jagdfronen und andere Leistungen für Jagdzwecke ohne Entschädigung aufgehoben sind. Jedem steht das Jagdrecht auf eigenem Grund und Boden zu."

Als Folge der neu gewonnenen Freiheit murksten Hinz und Kunz alles ab, was ihnen vor die Büchse oder Flinte kam – was gebietsweise zur Ausrottung ganzer Wildpopulationen führte. Irgendwann und irgendwie kriegte man aber doch die Kurve. Trotzdem lag bis weit in unser Jahrhundert hinein noch vieles im Argen. Deshalb griff die Obrigkeit mit dem 1935 in Kraft getretenen Reichsjagdgesetz zum Nutzen von Wild, Wald und Waidwerk noch einmal reglementierend ein. Ihm folgte schließlich das Bundesjagdgesetz, das hierzulande seit 1953 alle Jäger zu beachten haben. Um seine Richtlinien beneidet uns die ganze Welt. Denn sie sind der Garant dafür, dass das uns anvertraute Erbe nach besten Wissen und Gewissen verwaltet wird.

Während der Reise in die Vergangenheit des Waidwerks hat der Jäger auf dem Sitz in der alten Buche fast die Gegenwart vergessen. Mittlerweile ist aus der gegenüberliegenden Dickung Rotwild ausgetreten und halb links, jenseits des Grabens, äst der hier immer wieder anzutreffende junge Sechserbock. Plötzlich sichert das Leittier des Kahlwildrudels. Gleichzeitig vernimmt der Jäger hinter sich leises Rascheln und Knacken, das sich mit verhaltenem Grunzen vermischt. Sauen! Und nun ergeht es ihm wie den Urahnen in grauer Vorzeit: Sein Puls erhöht sich. Fast alles hat sich geändert, seit Menschen mit Speer und Steinbeil Wisenten, Hirschen, Rentieren oder Wildpferden nachstellten. Aber eines ist geblieben – der Urtrieb des Jagens und der schnellere Schlag des Herzens, wenn sich die erwartete Beute ankündigt. In dieser Hinsicht bist du nicht anders wie deine in Felle gehüllten Vorgänger – ist der letzte Gedanke des Jägers, bevor er einen schwachen Überläufer erlegt.

Das Schwarzwild (links) oder Wildschwein ist wehrhaft und intelligent. Bei uns hat es keine natürlichen Feinde. In der Jagdstatistik und der Wildküche spielt es eine bedeutende Rolle.

Schneeziegen (oder Schneegämsen) im Olympic National Park im nordamerikanischen Staate Washington (rechts), führen vor, was es mit dem aus dem Englischen wörtlich abgeleiteten, zoologisch aber nicht korrekten Begriff „Bergziege" auf sich hat.

Von Hirsch & Co.

Auf unserem Planeten gibt es ca. 1,2 Millionen tierische Arten, die wissenschaftlich beschrieben worden sind. Tatsächlich ist sein faunistischer Fundus aber wesentlich größer. Realistische Schätzungen gehen von 5 bis 7 Millionen unterschiedlichen Organismen aus. Für diese Küchenfibel sind allerdings nur einige Wirbeltiere interessant, von denen die Erde insgesamt rund 50 000 Arten bevölkern. Zu ihnen zählen auch etwa 4 200 Säugetiere und knapp 9 000 Vögel. Für die zoologische Wissenschaft sind alle nach der binären Nomenklatur systematisiert – die der schwedische Arzt und Naturforscher Carl von Linné bereits 1735 in seiner „Systema naturae" veröffentlicht hat. Nach ihr tragen alle Pflanzen und Tiere jeweils einen lateinischen Namen für die Gattung und die Art. Zum Beispiel wird der Hirsch unserer Wälder als *Cervus elaphus* bezeichnet.

Die Jäger teilen die jagdbaren Tiere in Haarwild und Federwild ein, von denen jedoch nicht alle für den menschlichen Verzehr tauglich sind. In beiden Gruppen gibt es wiederum verschiedene Vertreter, die nicht miteinander verwandt sind – dafür aber wohlschmeckendes Fleisch liefern. Das gilt vor allem für die als *Cerviden* bezeichneten hirschartigen Tiere, die zu den paarhufigen Wiederkäuern gezählt werden. Unter vielen Namen sind sie nahezu weltweit verbreitet und fehlen nur in Polynesien sowie in Afrika südlich der Sahara. Fast allen ist etwas gemeinsam, das bei den Jägern große Begehrlichkeit weckt – ihr Kopfschmuck nämlich, der Geweih genannt wird und aus einer knochenartigen Substanz besteht. Mit ihm geschieht Jahr für Jahr übrigens fast Unglaubliches. Was, soll hier am Beispiel des europäischen Rothirsches beschrieben werden.

Ein Wunderwerk der Natur

Als Cervide, als Knochenträger, gehört der Hirsch zu den Wildtieren, die ihren Kopfschmuck periodisch abwerfen und anschließend wieder neu aufbauen – schieben, wie es branchenspezifisch heißt. Für diese Prachtentfaltung benötigt der Hirsch rund 120 Tage. Direkt nach dem Abwerfen, das aufgrund eines innersekretorischen Vorgangs sowie altersbedingt früher oder später erfolgt – als erste werden die älteren Semester von dieser Prozedur Ende Februar, Anfang März jeden Jahres heimgesucht –

Hauptdarsteller in dieser Traumszene ist ein Wapiti, die nordamerikanische Variante des europäischen Rothirsches. Seinen Namen erhielt der bis zu 450 kg schwere Riese von den Indianern.

entwickelt sich die Basthaut, und die Geweihentwicklung kommt voll in Gang. Der Bast ist eine pelzig-samtene Hautschicht, von der die allmählich immer weiter in die Höhe sprießende Hauptzier vollständig umschlossen wird. In der Wachstumsphase versorgt sie diese in Form von phosphor- und kohlensaurem Kalk sowie Magnesium mit Baumaterial. Transportmittel dieser Substanzen ist das Blut, dessen Gefäße in der Längsrichtung des Geweihs verlaufen. Als rillenartige Vertiefungen sind sie später, wenn der Prozess des Schiebens beendet, die Knochenmasse erhärtet und die Basthaut abgestreift worden ist, noch deutlich zu erkennen. Um den Bast zu entfernen, fegt der Hirsch, das heißt er bearbeitet mit seiner neu erstandenen Wehr Sträucher und Bäumchen, die er zum Teil kurz und klein schlägt. Dabei treten die zunächst knochenfarbig hellen Stangen mit den Säften der Baumrinde in Verbindung, wodurch das Geweih nach und nach eine immer dunklere Farbe annimmt. Allerdings stellt es nicht von Jugend an ein Gebilde von beeindruckender Masse mit zwölf oder mehr Enden dar, sondern wächst sich erst im Laufe der Zeit zu voller Pracht aus – und das auch nur dann, wenn der jeweilige Träger die entsprechende Veranlagung besitzt, bei voller Gesundheit ist sowie ausreichende und qualitätvolle Nahrung findet. Denn was da nach oben strebt, wird vom Überschuss der Körpersäfte gebildet.

In der Regel schiebt der einjährige Hirsch nur Spieße. Der zweijährige kann aber schon ein Geweih von mehr als sechs Sprossen tragen. Die volle Schubkraft setzt jedoch erst ein, wenn mit etwa sechs Jahren die körperliche Entwicklung des Hirsches abgeschlossen ist. Dann kann die von den Jägern so heiß begehrte Trophäe ein beachtliches Gewicht erreichen: hierzulande rund 8 Kilogramm. Manchmal ist es zwar auch höher, erreicht aber nie die Masse und Wucht von „Spitzenerzeugnissen" aus den gesegneteren Wuchsgebieten Ungarns. Denn dort zeigt die Waage schon mal 12 Kilogramm und mehr an.

Das schwerste Geweih eines Rothirsches hängt übrigens im Jagdschloss Moritzburg bei Dresden. Es wiegt sage und schreibe 19 Kilo und 860 Gramm – was ebenso Weltrekord bedeutet wie die Zahl von 298,61 Punkten, die sich 1969 durch die Vermessung nach einer ausgeklügelten und international angewendeten Formel ergaben. Wo und wie der ungerade Vierundzwanzig-Ender zur Strecke kam und von wem er erbeutet wurde, entzieht sich unserer Kenntnis – denn die weltstärkste Hirschtrophäe ist rund 300 Jahre alt! Im Vergleich zum Geweih des Riesenhirsches, der in früheren Erdzeitaltern seine Fährte zog, sind diese beeindruckenden Zahlen freilich fast Lappalien. Er schleppte nämlich Lasten auf seinem Haupt umher, die auf 45 Kilogramm geschätzt werden.

Haarwild – Knochenträger

Elch

Der Elch ist der stärkste Vertreter der Hirschfamilie. Er gehört zu den sogenannten Trughirschen und hat sich erst entwickelt, als andere Verwandte schon längst da waren. „Leichter als bei allen übrigen Hirscharten veranlasst Mangel an Ruhe und genüglicher Aesung Veränderung des Standes und Wechsels", schreibt Georg Franz Dietrich aus dem Winkell 1820 in seinem „Handbuch für Jäger, Jagdberechtigte und Jagdliebhaber" über ihn. Damit meinte er, dass der Elch ein Kulturflüchter ist und vom Menschen nicht gestörte, naturbelassene Wälder und Moore sowie großräumige Seen- und Flusslandschaften mit üppigen Weichholz-Beständen als Lebensraum benötigt.

Ursprünglich war er bei uns in ganz Norddeutschland heimisch, kommt heute in freier Wildbahn hierzulande aber nur noch selten vor. Dagegen ist er in Polen, den baltischen Ländern und Russland sowie in ganz Skandinavien nach wie vor heimisch. Beispielsweise wurden 1997 in Schweden 94 000 Elche erlegt. Außerhalb Europas finden wir ihn in Kanada und Alaska – wo es die stärksten Exemplare gibt und männliche Tiere bis zu 500 Kilogramm schwer werden. Für den Aufbau des Geweihs – das in seiner besten Form „Schaufel" genannt wird – benötigt dieser Hirsch etwa acht Monate. In Luxusausführung ist es dafür aber auch rund 50 Kilogramm schwer.

Elche leben nicht in Rudeln, sondern meistens einzeln, setzen häufig Zwillingskälber – und haben in Deutschland keine Jagdzeit. Wie auch? Bei uns gibt es sie ja kaum noch.

Rotwild

„Rothe Hirsche werden sie deswegen genennet, weil ihre ordentliche Couleur im Rothen bestehet. Es ist aber deren rothe Farbe in dreyerley zu unterscheiden: 1) giebt es gemein-rothe, 2) bräunlich-rothe, und 3) gelb-rothe", schreibt Heinrich Wilhelm Döbel in seinem 1754 erschienenen Buch „Neueröffnete Jäger-Practica" – und erklärt damit gleichzeitg, warum der europäische Hirsch samt weiblichem Anhang als Rotwild bezeichnet wird.

In Deutschland ist der Hirsch das größte Wildtier. Seine Höhe beträgt 1,20 bis 1,40 Meter, sein Gewicht kann bei den männlichen Individuen 160, bei den weiblichen 80 Kilogramm und mehr erreichen. Rotwild benötigt als idealen Lebensraum große Wälder mit einem hohen Laubholzanteil und zusammenhängenden Dickungen, die ihm als Ruhezone dienen. Es ist ausgesprochen störungsempfindlich und scheu – heimlich, wie der Jäger sagt –

Männliche Elche werden wesentlich größer und schwerer als ihre nahen Verwandten, die Rothirsche, und schieben schaufelartige Geweihe. Daher bezeichnet die jagdliche Terminologie sie auch als Schaufler.

und zieht zur Nahrungsaufnahme in der Regel erst gegen Abend auf Lichtungen, Kahlschläge, Wiesen und Felder. Ausgewachsenes Rotwild braucht jeden Tag etwa 10 bis 12 Kilogramm Grünäsung. Starke Hirsche füllen sich den Pansen aber mit noch größeren Mengen. Rotwild lebt in mehr oder weniger kopfstarken Rudeln, die nach Geschlechtern getrennt sind und von einem Leittier mit Kalb angeführt werden. Seine Paarungszeit beginnt ungefähr Mitte September, dauert etwa drei Wochen und ist ein einmaliges Erlebnis für alle Naturliebhaber – denn dann dröhnt in den Forsten der Brunftschrei der Hirsche. „Anfangs so die Brunfft angegangen, fangen sie auch an zu schreyen; je weiter es aber in der Brunfft kommt, je heftiger und stärcker schreyen sie, daß man es auf eine Stunde und fast noch weiter hören kan. Sie wissen auch ihre schon ehemals gehaltene Brunfftplätze gar accurat wieder zu finden, und vernehmen bald durch den Wind, wo die Thiere vorhanden sind ... Finden sich nun gute Hirsche bey den Thieren zusammen, so kämpfen sie um ihre Braut und Brunfft hart miteinander ... Auch hat man Exempel, daß sie sich mit dem Gehörne so verkämpft und verwickelt gehabt, daß sie nicht wieder aus einander kommen können", berichtet Heinrich Wilhelm Döbel. Nach einer Tragzeit von rund acht Monaten setzt das Tier – wie die mehr als ein Jahr alten weiblichen Vertreter dieser Wildart in der Waidmannssprache genannt werden – ein Kalb, sehr selten zwei. Heutzutage wird der König der Wälder freilich in eine Umwelt geboren, die von allen möglichen Einflüssen strapaziert wird. Darauf reagiert er sehr sensibel und richtet infolgedessen durch Verbeißen junger Triebe und Schälen von Rinde mitunter erhebliche forstliche Schäden an. Ihm in den verstümmelten Fluren der Industrieländer artgerechte Lebensbedingungen zu erhalten oder wieder zu schaffen, ist deshalb die schwere Zukunftsaufgabe aller, die das Rotwild als Teil der Schöpfung und schützenswertes Kulturgut lieben. Das zu erreichen ist zwar schwierig – aber auch reizvoll!

Damwild
Damwild war in Mitteleuropa bereits in der Eiszeit bodenständig. Danach ist es aus diesem Raum allerdings verschwunden. Als Rückzugsgebiet wird Kleinasien vermutet. Erst in geschichtlicher Zeit kehrte es in seinen ehemaligen Lebensraum zurück – und zwar durch römische Einbürgerungen. In Deutschland kam es 1577 zur ersten, historisch belegten „Rückmeldung". In jenem Jahr sandte der dänische König dem Landgrafen von Hessen 30 Stück Damwild, die im Wildpark Sababurg bei Kassel untergebracht wurden. Bestände außerhalb von Gehegen dürfte es so schnell nicht gegeben haben. Denn noch Anfang des 18. Jahrhunderts schrieb Hans Friedrich von Flemming als Kenner der Szene in seinem zweibändigen Werk „Der vollkommene teutsche Jäger und Fischer", dass Damwild „allhier zu Lande nicht so häufig ist ..., sondern sie wer-

Rehwild gilt als Meister im Verstecken. Um in Deckung zu gelangen, machen Rehe oft große und elegante Sätze.

den nur entweder in Stadt- oder großen Herren Thier-Gärten eingesperrt gehalten, zur Rarität aufgehoben und vor den Wölfen daselbst beschützet." Eine größere Ausbreitung in freier Wildbahn hat es wohl erst nach 1800 gegeben.

Damwild ist die anpassungsfähigste der einheimischen Hirscharten und außerordentlich sinnesscharf. Es lebt in Rudeln und ist tagaktiv. Die Schulterhöhe des ausgewachsenen männlichen Tieres beträgt ungefähr 1 Meter, das Gewicht durchschnittlich 75 Kilogramm. Im Gegensatz zum Rotwild trägt es schaufelartige Geweihe. Die Decke des Damwildes ist rötlich braun und mit weißen Flecken besetzt. Gelegentlich kommen auch nahezu schwarze und fast weiße Exemplare vor. Der Lebensraum dieser Hirschart sind parkähnliche Kulturlandschaften, in denen Wälder, Wiesen und Felder etwa zu gleichen Teilen vorkommen. Damwild wird allerdings nicht nur jagdlich genutzt, sondern zur Fleischerzeugung wie früher auch in Gattern gehalten. Ob man bei einem Braten, der von einem Gehege-Tier stammt, noch von Wildfleisch sprechen kann, darf jedoch bezweifelt werden.

Rehwild

Das Reh ist der älteste in Europa vorkommende Vertreter der hirschartigen Tiere und in Deutschland der kleinste. Es ist 60 bis 75 Zentimeter groß und wiegt im Durchschnitt 15 Kilogramm. In diesem Zusammenhang ist interessant, dass es in Regionen mit niedrigeren Temperaturen schwerer ist – oder anders ausgedrückt, sein Gewicht steigt von Süden nach Norden und vom Flachland zum Gebirge hin an. Wahre Hünen von Rehen leben übrigens in Sibirien – denn dort beträgt ihr Gewicht 50 Kilogramm und mehr.

In Deutschland gibt es ungefähr 1,7 Millionen Rehe. Ob die Zahl stimmt, ist jedoch fraglich. Denn dieses Wild ist Weltmeister im Verstecken und lässt sich nicht verlässlich zählen. Wie dem auch sei – vom vorhandenen Bestand werden seit 1992 jährlich mehr als 1 Million erlegt. Dabei muss aber hinzugefügt werden, dass die Jäger nur den Zuwachs abschöpfen – und zum Ärger der Förster mitunter noch nicht einmal den.

Das Reh lebt nicht gesellig, sondern ist ein territorial hausender Individualist. Nur im Winter bildet es als Notgemeinschaft so genannte Sprünge, die aus mehreren Tieren bestehen. Als Ausnahme gelten allerdings ältere Böcke, die bis zur Paarungszeit häufig in der Gesellschaft eines Schmalrehs zu sehen sind. Auch geringe Böcke kommen manchmal zu zweit oder in Begleitung eines jungen weiblichen Stückes in Anblick.

In der Auswahl seiner Nahrung ist das Reh sehr wählerisch. Es ist ein „Selektiväser", das heißt es sucht sich aus dem floristischen Angebot seines Lebensraumes ganz bestimmte Pflanzen heraus und fühlt sich am wohlsten, wenn sein Tisch mit etwa 125 verschiedenen Kräutern und Gräsern gedeckt ist. Mit anderen Worten: Das Reh ist ein Feinschmecker!

Die Paarungszeit des *Capreolus*, wie das Reh in der lateinischen Systematik des Tierreichs genannt wird, ist zwar

Ende Juli/Anfang August – die Folgen des Hochzeitsreigens zwischen Ricke und Bock beginnen sich aber erst Mitte Dezember bemerkbar zu machen. Erst dann beginnt nämlich der Embryo zu wachsen. Diese Keimruhe ist ein Trick der Natur. Denn die eigentliche Tragzeit des Rehs dauert etwa fünf Monate, so dass die Kitze bei sofortiger Entwicklung mitten im Winter zur Welt kommen würden. So aber werden sie im Mai/Juni gesetzt, wenn die Sonne Wärme spendet und die Begrünung von Wiesen, Feldern und Wäldern auf vollen Touren läuft. In sehr seltenen Fällen kommt das Sexualleben der Rehe aber auch im November oder Dezember noch einmal in Gang. Bei dieser Nachbrunft werden jedoch nur solche Ricken beschlagen, die im Sommer nicht bedient wurden. Auch stramm entwickelte weibliche Kitze können in der kalten Jahreszeit in Paarungsstimmung geraten, die der Bock selbstverständlich nicht übersieht und nutzt. Passiert so etwas, fällt die Keimruhe freilich aus – damit es wenigstens mit dem Setzen seine Richtigkeit hat. Die Ricke bringt ein bis zwei, manchmal auch drei Kitze zur Welt, wobei der Akt des Gebärens wie bei allen Cerviden nahezu ausnahmslos im Liegen erfolgt.

Zur Familie der Hirsche gehört auch der Großohr- oder Maultierhirsch (oben, im Bast) aus der Gattungsgruppe der Neuwelt- bzw. Amerikahirsche.
Durch Gehegehaltung bekannt ist das Damwild (rechts oben). Es ist kleiner als Rotwild und trägt ein schaufelförmiges Geweih.

Von den hirschartigen Tieren gibt es noch manche, deren Rücken und Keulen in der Küche gern verarbeitet werden. Entweder spielen sie für den Verzehr aber aufgrund zu geringer Bestände keine Rolle – wie das aus Ostasien stammende, in Deutschland etwa 1937 in die freie Wildbahn gelangte Sikawild – oder sie existieren in Gegenden, die Tausende von Kilometern entfernt sind. Das trifft unter anderem für die Hirsche Nordamerikas zu, die sicherlich nur für den Bundesbürger interessant sind, der sich ein Geweih vom Wapiti oder Weißwedelhirsch an die Wand hängen möchte. Das Renwild Skandinaviens und Russlands – bei dem auch die weiblichen Tiere einen sich jährlich erneuernden Kopfschmuck tragen – kommt uns geographisch zwar schon näher, ist jedoch küchentechnisch ebenfalls unter ferner liefen einzuordnen. Widmen wir uns dafür lieber einer anderen Gruppe von Haarwild – den *Boviden*. Das sind zwar auch wiederkäuende Paarhufer, im Gegensatz zu den Cerviden jedoch horntragende Tiere, die von Hasen- bis Rindergröße fast überall auf der Erde anzutreffen sind. Den Kopfschmuck tragen oft auch die weiblichen Tiere. Außerdem wird er nicht jährlich abgeworfen und erneuert, sondern wächst ständig weiter.

Dass es aber kaum eine Regel ohne Ausnahme gibt, ist auch in diesem Zusammenhang zu beweisen. Denn die Pronghornantilope, deren Tummelplätze die nordamerikanischen Prärien sind, benimmt sich in dieser Hinsicht wie die hirschartigen Tiere.

Haarwild – Hornträger

Gamswild

Im Alpenland wird der Gams – er ist grammatikalisch immer männlichen Geschlechts, selbst wenn es sich um ein weibliches Tier handelt – auch als Krickelwild bezeichnet. Dieser Name ist von den Hornschläuchen abgeleitet, die beide Geschlechter tragen und Krucke oder Krickel genannt werden. Bei den Böcken sind sie meistens wuchtiger und stärker gehakelt als bei der Geiß. Gamswild gehört zu den ziegenartigen Horntieren, lebt in Rudeln und ist Bewohner der Hoch-, aber auch Mittelgebirge wie Schwarzwald und Vogesen. Seine Decke ist im Sommer gelblich braun, im Winter dagegen fast schwarz. In dieser Jahreszeit wächst dem Gams auch ein Bart – allerdings nicht da, wo er sonst sprießt, sondern entlang der Wirbelsäule. Die Länge der einzelnen Haare kann 20 Zentimeter und mehr betragen. Gerupft und gebunden ergeben sie den Gamsbart, der als Hutschmuck auch von „Flachlandtirolern" begehrt wird.

Der Gams gehörte schon in prähistorischer Zeit zur Jagdbeute des Menschen. Im ausgehenden 15. Jahrhundert machte er durch die schriftlich überlieferten waidmännischen Abenteuer Kaiser Maximilians I. regelrecht Schlagzeilen. Trotzdem erfährt man in Heinrich Wilhelm Döbels Jagdbuch aus der Barockzeit nur wenig über ihn. Dafür aber Praktisches. „Sie werden feist, und ihr Wildpret ist gut. Wie denn auch ihre Häute besonders gut zu Handschuhen und Hosen seyn, sie tragen sich so fein und gelinde, fast wie Sammet, und sind dabey dauerhaft", heißt es da.

Unserer Vorstellung entsprechend unterwegs und überdies fotografisch meisterhaft eingefangen ist ein Gams am Steilhang (oben). Ein anderer Bewohner der felsigen Gebirge ist der Steinbock (rechts).

Muffelwild

Der Mufflon ist eine Wildschafart. Zoologen vermuten, dass er in Mitteleuropa schon vor der Eiszeit heimisch war. Als seine eigentlichen Herkunftsgebiete gelten heute Sardinien und Korsika. Von dort wurde er im 18. Jahrhundert auf dem Kontinent eingebürgert. Beispielsweise von Prinz Eugen, dem edlen Ritter, der Muffelwild 1730 nach Österreich brachte und im Tierpark von Schloss Belvedere hielt. Unter der Bezeichnung „Weyßarsch" war das Wildschaf jedoch schon zuvor bekannt. Bejagt wurde es aber offenbar nicht.

Deutschland erreichte der Mufflon erst 1902. In jenem Jahr wurde er vom Grafen Seydlitz im niederschlesischen Eulengebirge ausgesetzt. Mittlerweile gibt es bei uns rund 8 000 Stück dieser äußerst sinnesscharfen, harten und genügsamen Wildart, die ein vorzügliches Fleisch liefert. Der Widder, das männliche Tier, wird ungefähr 40 Kilogramm schwer und trägt ein horniges Gebilde auf seinem Kopf, das als Schnecke bezeichnet wird. Weibliche Mufflons sind in dieser Hinsicht benachteiligt. Sie bringen es – wenn überhaupt – nur auf kurze Stümpfe.

Steinwild

„Ist ein wunderlich/verwegenes/und geschwindes Thier/wohnt in den höchsten Plätzen und Orten der Teutschen Alpen/Felsen/Schrofen/und wo alles gefroren/Eyss und Schnee ist ...", schreibt der Schweizer Arzt und Naturforscher Conrad Gessner Mitte des 16. Jahrhunderts in seinem „Thierbuch" über den Steinbock.

Es hätte allerdings nicht viel gefehlt, und er wäre für immer aus den Alpen verschwunden. Der Grund für das dramatische Absinken seiner Bestände war jedoch keine Seuche oder dergleichen – sondern pharmazeutischer Natur. Weil die Menschen in früheren Zeiten daran glaubten, dass sein Blut, Herz, Mark und Horn gegen alle möglichen Leiden helfen würden und auch als Aphrodisiakum nützlich wären, geriet er an den Rand der Ausrottung. Und zwar hauptsächlich durch Wilderei.

Im 19. Jahrhundert gab es in den gesamten Alpen – immerhin misst der Gebirgsbogen 1 200 Kilometer Länge und bis über 200 Kilometer Breite – mit Ausnahme von etlichen sechzig Stück im Aostatal keine Steinböcke mehr. Die kümmerlichen Reste wurden 1858 vom italienischen König Viktor Emanuel unter Schutz gestellt – und damit war das Steinwild vor dem Aussterben gerettet. Im Laufe vieler Jahrzehnte wuchs der Bestand wieder, so dass der Steinbock in Österreich, der Schweiz oder Slowenien bereits seit einiger Zeit wieder bejagt werden kann und muss. Auch in Deutschland unterliegt er dem Jagdrecht. Waidmänner dürfen sich ihn hierzulande aber nur anschauen. Ihn zu erlegen, ist verboten.

Überwiegend nachtaktiv sind Wildschweine. Man bekommt sie aber auch tagsüber zu Gesicht, sollte jedoch vorsichtig und notfalls zur Flucht bereit sein, vor allem wenn einem eine Bache mit ihren Frischlingen begegnet.

Schwarzwild

Vom Haarwild gibt es noch ein Tier, das sowohl in der jagdlichen Beliebtheitsskala ganz oben steht als auch in der Küche sehr begehrt ist. Es gehört zwar zu den Paarhufern, ist aber weder ein Cervide noch ein Bovide und auch kein Wiederkäuer. Gemeint ist das Schwarzwild – bei dem überhaupt einiges anders ist als bei den übrigen Wildtieren. Zum Beispiel werden in der Waidmannssprache seine Ohren nicht als Lauscher, sondern als Teller bezeichnet. Die Decke nennt man Schwarte und das Gebären frischen. Statt eines Wedels trägt es einen Pürzel und seine Paarungszeit heißt nicht Brunft, sondern Rauschzeit. Anatomisch ist im Vergleich zum anderen Wild so weit alles in Ordnung – bis auf die Tatsache, dass Schwarzwild mit einem ganz normalen Magen auskommt und im Gegensatz zu den hirschartigen Tieren eine Gallenblase besitzt. – Bemerkenswert ist auch sein Stehvermögen. Denn Schwarzwild gehört zu einer Spezies, die bereits vor 60 Millionen Jahren im Tertiär auftauchte. Um das Jahr 1900 war es gebietsweise fast ausgerottet, hat sich aber derart gut erholt, dass es trotz einer Abschussquote von 281 886 Stücken im Jagdjahr 1997/98 in Deutschland regional in immer noch zu hohen Beständen vorkommt.

Die wilden Sauen sind die Stammform der Hausschweine und mit einer Vermehrungsfreudigkeit gesegnet, die so groß wie bei keiner anderen Schalenwildart ist. Wenn das Nahrungsangebot reichlich ausfällt, nimmt die Zahl der Nachkommen in einem Maße zu, das in der Fauna sonst nur bei Mäusen oder anderen kleinen Tieren beobachtet wird. Ist es geringer, kommen auch weniger Frischlinge zur Welt. Deren weibliche Vertreter können bei sehr guter Entwicklung übrigens schon im ersten Lebensjahr das Interesse des Keilers wecken und beschlagen werden. In Jahren mit besonders üppiger Mast und milden Wintern kommt es auch vor, dass ältere Bachen im Verlauf von 12 Monaten zweimal frischen. Nach einer Faustregel dauert die Tragzeit 3 Monate, 3 Wochen und 3 Tage – meistens jedoch etwas länger. Eine grobe Bache, wie eine weibliche Sau von kräftiger Statur und mehr als drei Jahren bezeichnet wird, bringt Ende März, Anfang April normalerweise sechs bis acht Junge zur Welt. Für den Geburtsakt wird ein erstaunlich kunstvoller Kessel im dichten Farn oder verfilzten Unterholz gebaut. Messungen des Sauenforschers Heinz Meynhard aus Burg bei Magdeburg ergaben, dass in dem Kessel eine Temperatur von 22 °C herrscht. Die ist auch nötig – denn gegen Kälte und Nässe sind die Frischlinge wie alle jungen Lebewesen außerordentlich empfindlich. Bei ihrer Geburt wiegen die gelbbraunen, mit weißen Längsstreifen gezeichneten Winzlinge etwa 750 Gramm, können nach zwei Monaten aber schon 5 Kilogramm schwer sein – und es im Laufe ihres Lebens auf 200 und mehr Kilogramm bringen. Vor allem in Osteuropa ist das der Fall. Dort gibt es nicht nur stärkere Hirsche als im mittleren Teil des Kontinents, sondern auch wahre Ungetüme von Sauen.

Das Wildschwein ist ein Allesfresser und nimmt sowohl pflanzliche als auch tierische Nahrung zu sich. Dabei kann es auf landwirtschaftlich genutzten Flächen, etwa in Mais-, Kartoffel- und Getreideschlägen sowie auf Wiesen, erhebliche Schäden anrichten. Weil es auch Aas zu sich nimmt, unterliegt es vor dem menschlichen Verzehr der Trichinenbeschau.

Wilde Schweine leben mit Ausnahme der Keiler, die der quirligen Unruhe größerer Ansammlungen von Artgenossen das relativ ungestörte Dasein von Einsiedlern vorziehen, in mehr oder weniger großen Familienverbänden, die Rotten genannt und von einer Leitbache angeführt werden. Sie ist die von allen respektierte Mutter der Kompanie, bestimmt den gesamten Lebensablauf und hat alles im Griff: den Zeitpunkt der Rausche aller weiblichen Rottenmitglieder ebenso wie die Auswahl der Fraßplätze und Einstände. Vor allem sie ist dafür verantwortlich, dass das erstaunlich hoch entwickelte Sozialverhalten des Schwarzwildes funktioniert.

Bemerkenswert ist auch seine Intelligenz – und die Redensart vom „dummen Schwein" deshalb eine Mär. Seine Sinne gleichen bis auf eine Ausnahme äußerst empfindlichen Peilgeräten, die bei der geringsten Wahrnehmung von Ungewöhnlichem sofort ausschlagen. „Sie vernimmt und wittert sehr gut", schrieb 1820 Georg Franz Dietrich aus dem Winkell. „Desto weniger scharf äuget sie; denn es gibt keine andere Wildart, welche, wenn der Wind gut ist, dem Jäger, in so fern er recht still steht, so nahe auf den Hals käme, ohne ihn zu bemerken."

Bereits seit vielen Millionen Jahren ist das Schwarzwild in ganz Europa, Asien und Nordafrika weit verbreitet – und ein Ende seiner Erfolgsgeschichte ist nicht in Sicht.

Unten: Wildschweine sind Allesfresser, haben bis auf die Augen hervorragende Sinnesorgane und bewegen sich ausdauernd sowohl zu Lande als auch im Wasser.

Die Schwarzkittel sind das letzte wehrhafte Wild der heimischen Wälder. Bevor mit Feuerwaffen gejagt wurde, ging es daher bei Sauhatzen mitunter auf Leben und Tod. Denn einen Keiler von mehr als 200 Kilogramm Gewicht mit der blanken Waffe, also mit Spieß, Schwert oder Hirschfänger anzugehen und zu erlegen, war eine äußerst gefährliche Sache. Wer so etwas fertig brachte, hatte nicht nur Schneid, sondern ging meistens auch in die Annalen ein. In alten Zeiten war er deshalb ein Held, später zumindest ein ganzer Kerl. Daher spannt sich der Bogen großer Saujäger von Herkules und Theseus über Karl den Großen und Maximilian I. bis zu August dem Starken und anderen Barockfürsten. Der Sachse pflegte Wildschweine übrigens mit der rechten Hand an den Hinterläufen zu packen, hochzuheben – und mit der Linken den Fang zu geben.

Hasenartige

Die hasenartigen Tiere sind die letzten Vertreter des Haarwildes, mit denen wir uns befassen wollen und müssen. Zu ihnen zählen Hase und Kaninchen. Ihre Bedeutung für die Küche kann als bekannt vorausgesetzt werden – ihre Beliebtheit als Jagdwild jedoch nicht. Oder wussten sie, dass bereits die schöne Helena an ihren Keulen nagte? Denn schon im Schutt von Troja wurden Hasenknochen als Reste von Mahlzeiten nachgewiesen. Die Kelten jagten Meister Lampe mit Pferden und Hunden – und 752 n. Chr. beschäftigte sich sogar der Vatikan mit ihm. Da der Hase mehrmals im Jahr Junge zur Welt bringt, glaubte man, ihm anomale sexuelle Bedürfnisse andichten zu müssen. Deshalb erließ Papst Zacharias eine Verordnung, die den Verzehr dieses Wildbrets untersagte. Der Heilige Vater befürchtete nämlich, dass die „Geylheyt vom Hasen" auf die Christenheit übertragen werden könnte. Dieses Tier hat also eine lange und interessante Karriere hinter sich. Wie lange sie noch dauert, muss man abwarten. Denn gut geht's dem ursprünglichen Steppenbewohner in der europäischen Kulturlandschaft gerade nicht.

Hase

Während im Jagdjahr 1960/61 in Deutschland noch rund 1,4 Millionen Hasen erlegt wurden, betrug ihre Strecke 1997/98 nur noch 406 533. Und das lag nicht nur daran, dass die Jäger wegen seiner desolaten Situation im Verbrauch von Schrotpatronen Zurückhaltung geübt hatten. Der Hase ist – abgesehen von denjenigen seiner Artgenossen, die im Wald leben – ein Tier der Feldflur. Dort aber findet er nicht mehr die Lebensbedingungen, die er braucht. Großflächige Anbaustrukturen, Reduzierung der Kulturpflanzen von ursprünglich rund 20 auf 6 bis 8, häufiges und umfangreiches Ausbringen von Pflanzenschutzmitteln, hohe Stickstoffbelastung und Wegfall von Ackerrainen mit Heilpflanzen sind für die traurige Tatsache verantwortlich, dass der Hase mitten in der besten Vegetationszeit Hunger leiden kann. Jedenfalls haben das wildbiologische Forschungen ergeben. Auch an genügend Deckung durch kleine Gehölze und Hecken mangelt es ihm inzwischen. Schließlich gibt es noch die total unter Schutz gestellten Greifvögel, die mittlerweile enorm hohe Zahl von Füchsen – und wenn diese Faktoren ihm nicht genügend zusetzen, geben ihm die veränderten klimatischen Verhältnisse mit nassen und kalten Frühjahren oder Sommern fast den Rest. Obwohl er pro Jahr dreimal mit bis zu vier Häschen für Nachwuchs sorgt, muss aus all diesen Gründen die Frage gestellt werden, ob Meister Lampe in den Kultursteppen der Industrieländer auf Dauer überleben kann.

Wildkaninchen

Das Wildkaninchen ist knapp halb so groß wie der Hase und war ursprünglich ein Tier der Mittelmeerländer, vor allem Spaniens. In Deutschland wurde es bereits im 12. Jahrhundert unter dem Namen Künigl in Klöstern und Burggärten gehalten. Rund 600 Jahre später kam es in die freie Wildbahn und ist seitdem überall in Deutschland heimisch. Im Gegensatz zum Hasen, der sein Dasein als Einzelgänger fristet, lebt das Kaninchen in Kolonien. Es gräbt Erdbaue und bringt seinen Nachwuchs in eigens für den Geburtsakt ausgebuddelten Röhren zur Welt. Vom Frühjahr bis Herbst setzt die Häsin im Schnitt fünfmal bis zu acht Junge, die unbehaart und blind geboren werden. Bei der Vermehrung kann es zur Superfetation oder Doppelbefruchtung kommen, wenn eine bereits trächtige Häsin kurze Zeit vor dem Setzen erneut mit dem Rammler anbandelt. Weiteren Nachwuchs gibt es dann aber nur, wenn sich die Föten lediglich in einem Tragesack befinden und in dem anderen befruchtungsfähige Eier vorhanden sind.

Hase und Wildkaninchen können übrigens nicht nur aufgrund ihrer Größe von jedem leicht unterschieden werden. Auch ihre Farbe und Hörorgane differieren. Der Hase ist rötlich braun, das Wildkaninchen grau mit einem bläulichen Schimmer. Dieser besitzt lange, jenes deutlich kürzere Löffel.

Wildkaninchen sind überwiegend grau gefärbt und leben gesellig in Erdbauen (oben).
Die im Besatz gefährdeten rötlich-braunen Feldhasen „ohrfeigen" sich in der Paarungszeit beim Kampf um eine Häsin häufig mit den Vorderläufen (rechts).

Federwild

Vom Fasan und anderen Vögeln

Vögel sind ein Thema mit rund 9 000 Variationen und schon deshalb Wunderwerke der Natur. Dieses Prädikat rührt aber vor allem daher, dass sie etwas können, was der Mensch aus eigener Kraft nicht fertig bringt – fliegen! Dünne und hohle Knochen, ein ausgeprägter Brustmuskel à la Arnold Schwarzenegger sowie die Fähigkeit, die Flügel- und Schwanzfedern als Steuerinstrument einzusetzen, ermöglichen ihnen diese beneidenswerte Fähigkeit. Es gibt winzige, nur 2 Gramm schwere Kolibris, die es pro Sekunde auf 50 Flügelschläge bringen – und imposante, mehr als drei Zentner schwere Strauße, die sich als Angehörige der größten Vogelart zwar nicht in die Luft schwingen können, dafür aber ausdauernde Langstreckenrenner sind. Außerdem liefern sie wie fast alle Vögel ein delikates Fleisch. Deswegen wurde und wird der „fleuchenden" Kreatur seit Urzeiten mit allem möglichen Gerät nachgestellt: mit Schleudern, Bumerangs, Netzen, Bolas, Schlingen, Pfeilen, Blasrohren, Schrotflinten und Kugelbüchsen.

In Deutschland brüten zur Zeit 238 Vogelarten. Nur wenige von ihnen dürfen bejagt – und von denen noch nicht einmal alle in den Handel gebracht werden wie die Schnepfe und die Türkentaube. Fast allem Wildgeflügel geht es jedoch – um es zwar drastisch, aber in aller Deutlichkeit auszudrücken – ziemlich dreckig. Wegen der fortschreitenden Veränderungen ihres Lebensraumes durch die pharmagepäppelte Landwirtschaft sowie der Klimaverschlechterung stecken sie nämlich tief in der Bredouille und ringen von Jahr zu Jahr mehr um die Existenz.

Hühnervögel

Fasan

Der Fasan gehört zu einer Anzahl farbenprächtiger asiatischer Hühnervögel und verdankt seinen Namen dem antiken Fluss Phasis. Dieses Gewässer durchströmt unter der neuzeitlichen Bezeichnung Rion eine fruchtbare Ebene östlich des Schwarzen Meeres, die nach wie vor Kolchis genannt wird. Als die alten Griechen dort einen Beutezug unternahmen, hatten sie den Fasan auf dem Rückmarsch im Gepäck. In Hellas nannte man das

Wer oder was diese Wildgänse zum „Aufstehen", also Fliegen, veranlasst hat, wissen wir nicht – beim Betrachten solcher Bilder dürfte mancher Mensch den Wunsch hegen, sich aus eigener Kraft in die Lüfte zu erheben.

Normalerweise bewegt sich der Fasan (oben) auf freier Fläche genauso vorsichtig wie das Rebhuhn (unten), nur während der Balz ist er weniger aufmerksam.

ornithologische Mitbringsel „Ornis phasianos" – und das bedeutet nun mal nichts anderes als „Vogel aus der Gegend des Flusses Phasis".

Von Griechenland gelangte der Fasan nach Rom, wo er als Leckerbissen außerordentlich geschätzt und in Gehegen gezüchtet wurde. Dank des Ausbreitungsbedürfnisses von Cäsar & Co. kam er irgendwann schließlich auch zu uns. Bereits in den Meierhöfen Karls des Großen hielt man ihn in Volieren – und später waren Fasanerien für die Großen und Kleinen unter den Mächtigen fast ein Muss. Das Hausgeflügel verstärkte der Fasan allerdings nie. Er zählte immer zum jagdbaren Wild.

Hierzulande lebt mittlerweile ein buntes Rassengemisch. Zwar kommt der Beutevogel der Griechen in reinblütiger Form noch als „Böhmischer Jagdfasan" vor – neben ihm existieren aber Verwandte wie der Torquatus, Mongolicus, Versicolor oder Tenebrosus, der um 1920 in England als schwarzblaue Mutante gezüchtet wurde. Jeder von ihnen ist als Anpasser ein Überlebenskünstler. Die Belastungen fast aller Biotope durch die Methoden der modernen Landwirtschaft setzen selbstverständlich auch dem Fasan zu – können aber schon deswegen besser verkraftet werden, weil er in der Wahl seiner Nahrung nicht zimperlich ist. Verspeist werden Insekten, Würmer, Körner, Beeren, Früchte, Wurzeln, Knospen, Blätter und sogar kleinere Wirbeltiere wie Mäuse. Trotzdem muss man sich nicht nur in Notzeiten um den bunten Vogel kümmern, damit er die Wildbahn noch recht lange bevölkert.

Rebhuhn

Einst war das etwa 400 Gramm schwere Rebhuhn ein Allerweltsvogel. Vor 300 Jahren kam es in wahren Heerscharen vor und bevölkerte Felder und Fluren so zahlreich, dass man es sogar mit Netzen fangen konnte und die Habitate des Hühnervogels regelrecht „abfischte". Die Alten nannten diese Jagdmethode „Tirassieren" – was von „Tirass" kommt, einem großen Netz, das von zwei Pferden über die Fläche gezogen wurde, auf der die Rebhühner sich gerade aufhielten.

Das waren noch Zeiten. Denn von solchen Besatzdichten können wir heute nur träumen. Damals waren aber auch die Erfinder jener Stoffe noch nicht geboren, die als Herbizide und Biozide – als Unkrautbekämpfungsmittel und Schädlingsvernichter also – den Rebhühnern heutzutage das Überleben auf den giftgedüngten Äckern so schwer machen. In jener Zeit sprießte, wuchs und blühte jedes Kraut nach dem Willen der Natur – und im Verein mit den Nutzpflanzen. Da viele Unkräuter aber die Nahrungsbasis zahlreicher Insekten sind, gab es proteinhaltige Mahlzeiten in Hülle und Fülle. Auf sie sind vor allem die Küken der Hühnervögel in den ersten zwei Lebenswochen dringend angewiesen, da ihr Organismus die benötigten Eiweißstoffe selbst nicht aufbauen und pflanzliche Äsung nicht im notwendigen Maß genutzt werden kann. Um einen gedeckten Tisch vorzufinden, benötigt das Rebhuhn übrigens rund 50 Arten dieser insektenfreundlichen Pflanzen, deren Samen ebenfalls gern vereinnahmt werden. Aber woher nehmen? In dieser Hinsicht hat die Landwirtschaft unserer Zeit nämlich längst Tabula rasa gemacht und alles ausgemerzt, was ihr nicht in den Kram passt. Weitere Faktoren für den bedrohlichen Rückgang dieses Ackerbürgers sind die mangelnde Deckung in der maschinengerechten, auf möglichst hohe Erträge getrimmten Feldflur, das meistens

Wildtruthühner sind in Nordamerika zu Hause und bei uns nur in wenigen Gebieten eingebürgert.

nasskalte Wetter der Frühsommer und seine noch nie in so hoher Zahl vorkommenden Feinde wie Fuchs, Habicht oder Rabenvögel. Wie selten Rebhühner mittlerweile geworden sind, zeigt auch ein Blick in die Jagdstatistik: Während 1986 allein in den alten Bundesländern noch rund 30 000 geschossen wurden, waren es zehn Jahre später in ganz Deutschland nicht einmal 10 000. Das kommt davon, wenn man einen Allerweltsvogel zum Hungerleider macht – dessen Name bereits in die „Rote Liste gefährdeter Tiere" aufgenommen wurde, in der das Rebhuhn unter der Rubrik „stark gefährdet" zu finden ist.

Wildtruthuhn

Das Wildtruthuhn tauchte ursprünglich nicht im ornithologischen Verzeichnis unserer Breiten auf. Seine Heimat ist nämlich Nordamerika. In Mitteleuropa wurde es aus jagdlichen Gründen in nur wenige Gebiete eingebürgert. Nach Deutschland kam es Ende des vergangenen Jahrhunderts. Eine Population lebt zum Beispiel in dem etwa 3 000 Hektar großen Kottenforst bei Bonn, in den es allerdings erst 1958 gelangte. Zwanzig Jahre später war sie auf mehr als 180 Individuen angewachsen. Heute sind es nur noch ungefähr 70. Die Jahresstrecke betrug stets nur wenige der bis zu 12 Kilogramm schweren Hähne und ist im Moment bei Null angelangt, da das Wildtruthuhn im Kottenforst nicht mehr bejagt wird.

Das Wildtruthuhn ist der Stammvater des „zahmen" Hausputers und ihm deshalb auch sehr ähnlich. Es bevorzugt geschlossene Waldgebiete mit Blößen und lebt gesellig. Die meiste Zeit verbringt es auf dem Boden – wo es auch brütet, baumt zur Nachtruhe wie das Auer- und Birkwild jedoch auf.

Wachtel

Die etwa starengroße Wachtel ist der kleinste Hühnervogel Europas – und als einziger einheimischer ein Wanderbursche. Das heißt, dass die Wachtel uns im Herbst verlässt und in wärmere Gefilde zieht. Sie ist ein Vogel der offenen, mit einer hohen Krautschicht bedeckten Landschaft, dessen jährlicher Bestand im mittel- und nordeuropäischen Raum schon immer schwankte. Woran das liegt, weiß man nicht, weil die Wachtel in freier Wildbahn außerordentlich schwer zu beobachten und zu erforschen ist. Im 18. Jahrhundert glaubte der Jagdschriftsteller Heinrich Wilhelm Döbel immerhin zu wissen, dass die Wachtel „ein sehr geiler Vogel ist. Denn da er vielfältig nach einer Pfeiffe, die der Hennen Ruff gleich lautet, gefangen wird; so laufft oder fliegt derselbe dem Wachtel-Fänger so dichte auf den Hals, daß man ihn fast mit den Händen ergreifen kan".

Heute hört man den typischen Revierruf des Hahnes bei uns kaum noch. Denn die Wachtel leidet wie das Rebhuhn unter lebensfeindlichen Bedingungen und ist deshalb nur noch in Restposten vertreten. Dass sie sich so rar gemacht hat, hängt aber wohl auch mit den Massenfängen in den Mittelmeerländern zusammen. Wenn sie auf der Tafel erscheint, kommt sie deshalb fast immer aus Volieren. In ihnen wird eine vermehrungsfreudige japanische Verwandte unserer Wachtel gezüchtet, die in der Lage ist, schon im zarten Alter von 30 Tagen Eier zu legen.

Rauhfußhühner
Die Rauhfußhühner bilden eine Gruppe von vier Waldhühnern, deren Ständer und Zehen befiedert sind. Das *Haselhuhn* ist von dieser „rauhfüßigen" Beschaffenheit der Gehwerkzeuge im unteren Teil seiner Gliedmaßen allerdings nicht betroffen.

Größter Vertreter des Quartetts ist das *Auerhuhn*, dessen männliches Exemplar bis zu 5 Kilogramm schwer werden kann. Zum artgerechten Leben braucht es möglichst naturnahe Bergwälder mit viel Unterwuchs und beerenreicher Vegetation.

Das *Birkhuhn* ist etwa hühnergroß und kommt in Mooren und Heiden und auch an den Waldgrenzen der Hochgebirge vor. In der Balz spielt sich der Hahn – wie viele andere Männchen im Reich der Vögel – mächtig auf und zelebriert ein optisch und akustisch faszinierendes Ritual.

Beim Haselhuhn, das in dichten, unterbuschten Laubwäldern ein relativ heimliches Wesen treibt, ist dies nicht so ausgeprägt. Dafür lebt es monogam.

Zumindest in der Brutzeit tut sich auch das *Alpenschneehuhn* paarweise zusammen, das in der Arktis ebenso zu Hause ist wie in den Hochlagen der europäischen Felsengebirge. Es ist etwas größer als das Rebhuhn und tauscht – anders als die Rauhfußhühner sonst – das bunt gesprenkelte Sommerkleid gegen eine weiße Wintertracht ein.

Keines dieser Wildhühner darf in Deutschland bejagt werden. Durch die Veränderung und Zerstörung ihrer Lebensräume sind sie als Kulturflüchter nämlich so ausgedünnt worden, dass sie bei uns nur noch in kümmerlichen Restpopulationen vorkommen – und zusammen mit dem durch alle möglichen Einflüsse stark geschädigten Wald so etwas wie eine Schicksalsgemeinschaft bilden. Die Schöpfung hat sie ohne Zweifel robust konstruiert und für Extrem-Situationen gleichzeitig eine Reihe von Überlebensstrategien mitgeliefert. Sie konnte allerdings nicht ahnen, wie ihnen der Mensch durch seinen Fortschrittswahn eines Tages zusetzen würde. In Österreich und der Schweiz sowie in Skandinavien und den osteuropäischen Ländern schnackeln, grugeln und rufen die Rauhfußhühner jedoch noch in Beständen, die nicht nur als gesichert gelten, sondern zum Teil recht hoch sind.

Wachteln (links) für die Küche stammen heute fast nur aus Volieren. Birkhähne (oben) balzen beeindruckend und werden in Deutschland nicht bejagt. Die sehr häufigen Ringeltauben (unten) machen dafür einen großen Teil der jährlichen Federwild-Strecke aus.

Schnepfenvögel

Wenn im März die Natur erwacht und die ersten Bachstelzen schwanzwippend wiedergekehrt sind, ist meistens auch die Schnepfe in die Wälder zurückgekommen. Zwischen Dämmerung und Nacht kann man sie dann am Rande von Altholzbeständen oder auf Schneisen bei ihrem schaukelnden Balzflug auf dem „Schnepfenstrich" beobachten.

Früher durfte man sie zu dieser Zeit auch bejagen. Seit 1977 ist das jedoch verboten. Nur im Herbst kommt die Schnepfe bei Treibjagden auf Hase und Fasan gelegentlich zur Strecke. Dass sie als Jagdwild in Deutschland kaum eine Rolle spielt, zeigt auch die Zahl der geschossenen Exemplare. Nur 5 815 waren es 1996/97. Dabei muss allerdings darauf hingewiesen werden, dass sie im Bestand deutlich zurückgegangen ist.

In der jagdlichen Terminologie wird die Schnepfe wegen der auffallend weit nach hinten und oben liegenden Augen auch der „Vogel mit dem langen Gesicht" genannt. Diesen Eindruck verstärkt der etwa 8 Zentimeter messende, mit einem Tastorgan für das Aufspüren von Nahrung in der Erde ausgerüstete Schnabel nicht unwesentlich. Die etwa 300 Gramm schwere Schnepfe ist größtenteils ein Zugvogel, überwintert aber auch schon mal bei uns. Ihr Lebensraum sind lichte Laub- und Mischwälder – in denen sie bis auf die Paarungsperiode ein sehr unauffälliges Leben führt. Außerdem wirkt ihr rostrot, braun, grau, schwarz und gelb gesprenkeltes Gefieder wie eine Tarnkappe, so dass sie auf dem Boden sitzend nur äußerst schwer zu sehen ist.

Tauben

Von den vier in Deutschland lebenden Wildtauben-Arten spielt jagdlich nur die Ringeltaube eine Rolle. Mit beinahe 800 000 erlegten Exemplaren führt sie übrigens die Jahresstrecke des Federwildes an. Der Jäger darf zwar auch die erst 1944 aus Vorderasien zu uns gekommene Türkentaube erbeuten, aber nicht in den Handel bringen. Geschont ist die zierliche, schön gezeichnete Turteltaube mit dem schnurrenden Reviergesang – sowie die selten gewordene Hohltaube, die in verlassenen Schwarzspecht-Höhlen haust und wegen des Rückganges von alten Bäumen in arge Wohnungsnot geraten ist.

Die Ringeltaube ist die größte und häufigste unserer Wildtauben. Durch die weißen Halsflecken und die ebenso gefärbten Bänder an den Flügeln ist sie für jeden gut zu erkennen. Allerdings besitzen Jungvögel dieses Merkmal nicht. Ringeltauben legen fast immer nur zwei, nahezu elliptisch geformte Eier in ein kunstlos, ja liederlich gemachtes Nest. Die geschlüpften Jungen werden mit der so genannten „Kropfmilch" ernährt, einem hauptsächlich aus Körnern bestehenden vorverdauten Brei.

Bejagt wird das schmackhafte Flugwild hauptsächlich aus guter Deckung heraus beim Anflug auf Stoppelfelder und Gemüseflächen. Spannendes Waidwerk ist auch der Versuch, den rucksenden Tauber zu überlisten. Denn dabei ist äußerste Vorsicht geboten, weil der wachsame Vogel auf jeder Feder ein Auge hat – um eine Redewendung aus dem Wortschatz der Jäger zu benutzen.

Die Stockente, ein robustes Tier von mehr als 1 kg Gewicht, ist fast überall am Wasser zu finden. Von den Enten besitzt sie für den Jäger und die Wildküche die größte Bedeutung.

Schwimmvögel

Wildenten

Bei diesem Wildgeflügel unterscheidet man zwischen Schwimm- und Tauchenten. In Deutschland kommen zur Zeit 18 Arten vor, von denen 10 bejagt werden dürfen. Häufigster und mit einem Gewicht bis zu 1200 Gramm schwerster dieser Wasservögel ist die Stockente. Alle anderen haben jagdlich sowie hinsichtlich ihrer Verwendung in der Küche nur regionale Bedeutung – wobei freilich nicht vergessen werden soll, auf die Krickente hinzuweisen. Die kleinste aller europäischen Wildenten steht wegen ihres wohlschmeckenden Fleisches bei Gourmets nämlich besonders hoch im Kurs.

Die Stockente ist die Stamm-Mutter der Hausente. Bei der Wahl ihres Lebensraumes ist sie ziemlich anspruchslos und deswegen nahezu überall anzutreffen, wo es Wasser gibt. Dies gilt auch dann, wenn es sich um vorübergehende Wasserflächen wie beispielsweise überflutete Wiesen handelt. Enten sind dann schnell da.

Die Stockente ist auch kein Kostverächter und nimmt sowohl pflanzliche als auch tierische Nahrung auf. Ihren Fortbestand sichert sie durch ein monatelang währendes Zeremoniell, das bereits im Herbst mit der Paarbildung beginnt. Die Mauser, der Gefiederwechsel, ist dann beendet – und nun geht der Erpel im frisch erworbenen Prachtkleid auf Brautschau. Zu dieser Zeit verlobt er sich aber nur, denn die eigentliche Paarungsphase beginnt erst im Februar oder März des folgenden Jahres. Zu diesem Zeitpunkt beträgt die Zahl der Stockenten hierzulande dank hegerischer Maßnahmen der Jäger etwa 700 000.

Wildgänse

Die Wachsamkeit der Gänse begleitet die Geschichtsschreibung schon mehr als zweieinhalb Jahrtausende. Mit ihrem Gezeter sollen die Tempeltiere der Juno 387 v. Chr. bei der Zerstörung Roms durch die Gallier nämlich die schlafende Besatzung des Kapitols geweckt – und dadurch den religiösen und politischen Mittelpunkt des römischen Reiches gerettet haben. Heute hört man kapitolinisches Geschrei allenfalls über den Schaden, den Wildgänse auf den Feldern der Bauern anrichten.

Es gibt Grau-, Bläss-, Saat-, Kurzschnabel-, Kanada-, Zwerg-, Ringel- und Weißwangengänse, die bis zu 40 Jahre alt werden können und durch die Bank eine lebenslange Partnerschaft eingehen, also in Einehe leben. Außerdem sind sie fast alle Zugvögel, deren Brutgebiete im hohen, zum Teil arktischen Norden liegen. Nur die Graugans und die aus Nordamerika als Parkvogel eingebürgerte und nun verwilderte Kanadagans brütet in Deutschland und Österreich. Alle anderen sind entweder Durchzügler oder Wintergäste.

Die Monogamie ist übrigens ein wichtiger Grund, warum dieses Federvieh in ausgesprochen kalten Regionen so erfolgreich für Nachwuchs sorgen kann. Da durch sie der jährliche Aufwand für Partnersuche, Balz und Imponiergehabe entfällt, kommen die für dieses Zeremoniell nötige Zeit und Energie der Vermehrung zugute. Alle mit ihr zusammenhängenden Dinge müssen ja während der relativ kurzen Dauer des arktischen Sommers erledigt werden. Daher beginnt unmittelbar nach der Ankunft im Brutgebiet schon der Nestbau – denn die Zeit ist knapp und würde für überflüssiges Liebesgeplänkel nicht reichen. Wenn die Jungen geschlüpft sind, bleiben sie wie bei allen Vögeln bis zum Flüggewerden unter der Obhut der Eltern. Dabei übernimmt die Mutter die Rolle der Lehrerin, der Vater den Part des Beschützers. Spätestens nach einem Jahr müssen die Junggänse den Familienverband aber verlassen. Danach verbringen sie einige Zeit in Teenagergruppen und suchen sich im vierten Lebensjahr schließlich einen Partner.

Wie die Enten profitieren auch die Wildgänse von der gegenwärtig feuchten Klimaperiode – vor allem aber von der Überdüngung landwirtschaftlicher Flächen und der Gewässer. Denn dadurch hat sich ihre Nahrungsbasis erhöht. Daher ist es kein Wunder, dass der europäische Herbstbestand dieser Schwimmvögel auf 42 bis 45 Millionen Individuen geschätzt wird. Das wiederum bedeutet, dass sich ihre Zahl seit den siebziger Jahren verdoppelt hat!

Zu besonderem Ansehen ist – nebenbei bemerkt – die Graugans gekommen. Und zwar nicht nur deshalb, weil sie die Urahnin der Hausgans sowie unter den wilden Verwandten die größte und mit ihrem stattlichen Gewicht von 3 bis 3,8 Kilogramm die schwerste ist – sondern weil der österreichische Verhaltensforscher und Schriftsteller Konrad Lorenz durch sie zu so bedeutenden und Aufsehen erregenden Erkenntnissen kam, dass man ihm für seine Arbeit den Nobelpreis für Medizin/Physiologie verlieh.

Im Gegensatz zu den meisten anderen Gänsearten, die im hohen Norden brüten, ist die Graugans, Urahnin der Hausgans, auch in Deutschland und Österreich heimisch. Graugänse wurden dem Verhaltensforscher Konrad Lorenz sozusagen zu „Hausgenossen" und verhalfen ihm mit zum Nobelpreis.

Wildbret und seine Behandlung

Das Tier frisst. Der Mensch isst. Manchmal speist er auch. Aber ganz gleich wie wir es nennen: Alle Lebewesen müssen sich ernähren – zur Erhaltung der Existenz, für die Bewegung, Arbeit und Fortpflanzung. Eiweiß, Fett, Kohlenhydrate, Mineralstoffe, Vitamine und Spurenelemente sind die Treibstoffe, die unsere Maschinerie in Gang halten. Sie fängt auch mit Fleisch etwas an, weil manche seiner Substanzen – zum Beispiel das für die Blutbildung so enorm wichtige Eisen – von uns selbst nicht produziert werden können oder in pflanzlicher Nahrung gar nicht oder in zu geringen Mengen vorkommen. Mit diesem Problem mussten unsere Ahnen bereits vor mehreren Millionen Jahren fertig werden. Und da Haustiere noch nicht zur Verfügung standen, beschafften sie sich die zum Überleben und zur Weiterentwicklung notwendigen Stoffe mittels der Jagd. Womit wir beim Wildbret sind. Denn so wird das Fleisch der Wildtiere genannt. Von ihm kommen durch deutsche Jäger pro Jahr rund 28 Millionen Kilogramm zum Verzehr, die durch Importe und Angebote aus Gatterhaltungen beträchtlich erhöht werden.

Für den Handel mit Wildbret gibt es zahlreiche Gesetze und Verordnungen, die den Verbraucher vor gesundheitlichen Gefahren und wirtschaftlichen Nachteilen schützen sollen. Dazu zählen die Regelungen zu Tierseuchen ebenso wie die bindend vorgeschriebene Untersuchung auf Trichinen bei Schwarzwild – die bei Unterlassung nach dem Fleischhygiene-Gesetz mit saftigen Geldbußen geahndet wird. In besonders schweren Fällen können sogar mehrjährige Freiheitsstrafen verhängt werden.

Hygiene beginnt beim Schuss

Um dieses hochwertige Lebensmittel in die Küche bringen zu können, muss der jagende Mensch eine Menge beachten. Vor allem die Hygiene – die schon beim Schuss beginnt. Abgesehen davon, dass ein schlecht geschossenes Stück Wild vermeidbare Qualen leidet, sind die vom „Schlumpschützen" getroffenen Teile des Wildbrets nicht nur zerstört, sondern bieten auch allen möglichen Keimen breite Angriffsflächen. Um „Küchenschüsse" anbringen zu können, muss Schalenwild zunächst breit stehen und die Kugel innerhalb des Brustbereiches erhalten.

Treibjagden mit vielen Beteiligten – hier auf Hasen in der Wilster Marsch – müssen gut organisiert werden.

Wichtig bei der Jagd: Ein sauber geschossenes Stück Wild wird so schnell wie möglich aufgebrochen und danach kühl abgehängt.

Mit guten Nerven und Augen sowie einer ruhigen Hand – nicht zuletzt aber mit Hilfe unserer ballistischen Präzisionsinstrumente – ist das keine allzu große Kunst. Das Wild bekommt den Schuss dann in Lunge oder Herz, manchmal auch in beide Organe zugleich, und verendet entweder schlagartig oder wenige Sekunden darauf.

Danach müssen aus dem Körper so bald wie möglich die Innereien entfernt werden. Diesen Vorgang bezeichnet der Jäger als „rote Arbeit" oder „aufbrechen". Je schneller er sich daran macht, desto weniger besteht die Gefahr des Verhitzens – die hauptsächlich dann auftreten kann, wenn heiße Witterung oder feuchtwarmes Sommerklima herrscht. Aber auch wenn das Stück in jeder Beziehung gut bei Leibe ist, kann es bei längerem Liegen verderben. Hinzugefügt werden muss, dass eine qualitätsmindernde Wirkung eines Wildbrets ohnehin dann eintritt, wenn es nicht innerhalb von 30 bis 40 Minuten nach Eintritt des Todes aufgebrochen wird. Denn danach bricht die Magen-Darm-Barriere zusammen, so dass Bakterien und Keime freien Weg in das umliegende Gewebe haben.

Beim Aufbrechen müssen Lunge, Leber, Brustkorb und Bauchhöhle unbedingt auf Parasiten, Eiterherde und Geschwülste untersucht werden. Auch darin sollte der ordentlich ausgebildete Waidmann firm sein – denn zum Erlangen eines Jagdscheines gehören Kenntnisse in der Begutachtung des Wildbrets im Hinblick auf seine für den menschlichen Verzehr unbedenkliche Beschaffenheit. Wenn er allerdings Anomalien feststellt, die er selbst nicht beurteilen kann, muss immer ein Veterinär zu Rate gezogen werden! Nachdem das erlegte Wild in dieser Weise „versorgt" worden ist, werden innen haftende Haare, Blätter oder Halme entfernt sowie die Ein- und Ausschussstellen gesäubert. Das darf jedoch nie mit Moos, Laub oder Gras geschehen, sondern immer nur mit sauberem Wasser. Wenn der Pansen oder das Gescheide getroffen worden sind, muss die Reinigung noch gründlicher erfolgen. Die modernen Geschosse passieren den Wildkörper nämlich mit solchem Druck, dass der Inhalt des Verdauungstraktes mitunter förmlich in das umliegende Wildbret hineingepresst wird. Diese Partien sollten mit dem Messer großzügig ausgeschnitten bzw. ausgeschärft werden.

Mit Hase und Wildkaninchen wird nach dem Schuss ähnlich verfahren. Auf jeden Fall drückt man aber sofort die Blase aus – und sobald die Zeit vorhanden ist, sollten alle Innereien entnommen werden. Da die Hasenartigen nahezu ausnahmslos mit Schrot erlegt werden, sind Magen und Därme wegen der breitflächigen Wirkung der metallenen Partikel fast immer durchlöchert, so dass die Fäulniserreger sehr schnell in Aktion treten können. Um das zu verhindern, wird die Bauchdecke ein Stück geöffnet und der ganze „Schussbrei" entfernt. Wer absolut auf Nummer sicher gehen will, kann außerdem die Verbindung der Beckenknochen durchtrennen. Anschließend wird auch in diesen Fällen nicht mit Wasser gespart.

Federwild behandelt man ebenso, wobei zusätzlich Kropf, Schlund und Luftröhre entfernt werden. Früher wurde es dagegen „ausgehakt". Dabei führte man ein mit einem Widerhaken versehenes Stöckchen oder Metallstäbchen in den Darmausgang ein, drehte es und wickelte die Innereien dadurch um das Werkzeug. Aber nie wurde mit dieser Methode eine komplette Entleerung, geschweige denn Reinigung erreicht – und nicht selten wurden noch mehr Zerstörungen angerichtet.

Alles in der beschriebenen Art und Weise versorgte Wild wird schließlich einige Tage kühl und luftig aufgehängt. Während dieser Zeit werden durch einen biochemischen Vorgang Enzyme freigesetzt, die in einem weiteren Prozess dafür sorgen, dass das Wildbret weich und mürbe wird. Damit es nicht austrocknet, soll es übrigens immer in der Decke, Schwarte oder im Federkleid reifen. Erst danach wird es lagerungsfähig zerteilt und verpackt, weil es den genussfreundlichsten Reifezustand tiefgekühlt nicht erreichen kann. Bei einer Temperatur von minus 18 bis 25 °C und einwandfreier Verpackung kann Haarwild 10 bis 12 Monate und Federwild 8 bis 10 Monate ohne Qualitätsminderung aufbewahrt werden.

Wildfleisch ist hochwertig
Im Vergleich zum Fleisch von Haustieren ist Wildbret in der Regel feinfaseriger, fettärmer und eiweißreicher. Stoffe wie Calcium, Phosphor und Eisen sowie die Vitamine B1 und B2 machen es appetitanregend, blutbildend und leicht verdaulich. Außerdem ist es hochgradig mit ungesättigten Fettsäuren angereichert, die sich günstig auf den Cholesterinspiegel des Menschen auswirken. Wegen dieser Vorteile wird Wildbret daher gern in der Diätküche verarbeitet. Verschwiegen werden soll allerdings nicht, dass der Anteil von Purinen bei ihm manchmal relativ hoch ist. Purine sind organische Verbindungen, die im Zusammenspiel mit Fermenten in Harnsäure umgewandelt werden können.

Wildbret wird heute nicht nur im Fachhandel angeboten. Wegen seiner gestiegenen Beliebtheit findet man es oft auch in den Tiefkühlfächern der Supermärkte. Dort lagert mitunter freilich auch noch allerlei Exotisches. Das Fleisch von afrikanischen Antilopen, Straußen oder Kängurus etwa. Wer es kosten möchte, soll es tun. Als Gourmet gilt er deswegen aber noch lange nicht – sondern allenfalls als ein Zeitgenosse, der jeden Trend mitmacht und unbedingt à la mode sein möchte.

Beim Einkauf dieses besonderen Nahrungsmittels sollten Sie wählerisch vorgehen und nach Möglichkeit frisches Wildbret verlangen. Auch die Erkundigung, ob es genügend lange abgehangen ist, lohnt sich. Die tierspezifische Farbe zu beachten – sie muss hellrot bis dunkelrot sein – ist ein weiterer Punkt. Wenn Wildbret grünliche Partien aufweist und sich schmierig anfühlt, ist es verdorben. Aufschluss darüber gibt auch die Geruchsprobe. Was die Nase beleidigt und nicht würzig, sondern stickig oder faulig riecht, darf nicht gekauft werden. Wildbret braucht keinen Hautgout zu haben – der nebenbei bemerkt die Vorstufe der Verwesung ist und als gesundheitsschädlich gilt! Wenn es von einem Jäger erworben werden soll, muss die Frage erlaubt sein, wie das betreffende Stück erlegt worden ist – ob auf dem Ansitz oder einer Drückjagd. Bei ihr wird das Wild nämlich getrieben. Dabei gerät es erheblich unter Stress, der eine enorme Ausschüttung von Adrenalin auslöst. Hohe Dosen dieses Hormons aber mindern die Qualität seines Fleisches.

Ebenfalls nicht zu empfehlen ist die Annahme von zerschossenen Stücken. Der etwas höhere Preis für einwandfreie Teile zahlt sich auf jeden Fall aus. Das gilt besonders für Hasen, Kaninchen und alles Federwild. Wenn für die Festtagstafel ein Fasan vorgesehen ist, sollte außerdem noch auf die Sporen an seinen Ständern geachtet werden. Je länger sie sind und je mehr Hornringe man an ihnen zählt, um so älter und möglicherweise zäher ist der Vogel. Aufschluss darüber gibt aber auch das Brustbein. Beim jungen Fasan ist es biegsam, beim alten nicht oder zumindest weniger elastisch.

Ausgeräumt werden muss an dieser Stelle auch noch die Befürchtung, dass Wildbret aufgrund des Reaktorunfalls von Tschernobyl radioaktiv belastet sein könnte. Wenn es aus Mitteleuropa stammt, besteht dafür wirklich kein Grund (mehr). Im Übrigen sorgen ständige Kontrollen dafür, dass kontaminiertes Fleisch nicht auf den Tisch gelangt.

Auch das gehört dazu: Das Streckelegen vor dem Verblasen der Tot-Signale erfolgt immer nach überliefertem Jägerbrauch, der auch erlegtes Wild respektiert. Nach Wildarten getrennt werden alle Stücke auf die rechte Seite gelegt – auch Fasane.

Küchenpraxis

Haarwild

Wildbret von Hirsch, Reh, Wildschwein, Hase und Wildkaninchen bezieht man am besten von einem Wildhändler oder einem Jäger aus dem Bekanntenkreis. Alter und Qualität bestimmen den Geschmack. Daher ist auf richtige Vorbereitung, Hygiene, Lagerung und Frische großer Wert zu legen. Während Hase und Kaninchen meist im Ganzen abgebalgt und ausgeweidet angeboten werden, sind größere Wildarten aus der Decke geschlagen und bereits fachgerecht zerwirkt.

Zerwirken von Hase und Wildkaninchen

Als Arbeitsmittel werden ein scharfes Ausbeinmesser, ein Küchenbeil und eine Geflügelschere benötigt.
Das edelste Teil ist zweifellos der Rücken. Er wird meistens gespickt, aber auch ungespickt im Ganzen gebraten, wie die Blätter oder Keulen. Das Fleisch der Läufe, Hals, Rippen und Bauchlappen ergeben als Hasenklein ein Ragout, wozu auch der in der Länge geteilte Kopf verwendet werden kann. Wildkaninchen werden oft nach dem Braten tranchiert.
Das Zerwirken ist nach folgendem Schema nicht schwer:
1. Den Kopf mit dem Küchenbeil abschlagen.
2. Den Hals in gleicher Weise vom Rumpf trennen.
3. Das Fleisch zwischen den Läufen und dem Brustkorb bis zum Rücken einschneiden. Die Läufe zur Seite drücken und im Gelenk abtrennen.
4. Das Brustbein bis zum Halsansatz mit der Geflügelschere aufschneiden.
5. Die Bauchlappen sowie Rippenbögen entlang dem Rücken mit der Schere abschneiden.
6. Die Keulen direkt neben den Beckenknochen mit dem Messer ablösen und im Gelenk trennen.
7. Das fleischlose Rückenende mit dem Beil abhacken.

Vorbereiten des Hasenrückens

Zunächst die kleinen Filets zu beiden Seiten des Rückgrats entlang der Rippenbögen mit einem scharfen Messer vorsichtig auslösen, dabei das Fleisch nicht verletzen. Anschließend von Sehnen befreien. Die Filets enthalten wenig Fett. Damit sie während des Bratens nicht austrocknen, kann man sie mit Speckscheiben umwickeln.

Häuten des Hasenrückens

Haut und Sehnen im Lendenbereich anritzen und mit den Fingern fassen, vom Rücken straff abhalten und mit dem Messer die Haut streifenweise vorsichtig vom Rücken lösen. Dabei die Messerschneide mehr zur Haut hin anheben.
TIPP: Die Sehnenhaut kann am Rücken verbleiben, wenn die Oberseite des Rückens scharf angebraten wird.

Hasenrücken spicken

Hierzu wird eine Spicknadel benötigt.

1. Den Speck in gleich lange Stifte schneiden und in die Spicknadel einklemmen.
2. Die Spicknadel quer durch das Rückenfilet, jedoch nicht zu tief stechen.
3. Den überstehenden Speck bis auf 1 cm abschneiden.

TIPPS: Geräucherter Speck ist ebenso gut wie grüner Speck geeignet. Der Braten bekommt ein besonderes Aroma, wenn der Speck vorher gewürzt wurde.
Hasenleber, Herz und Nieren gelten als besondere Delikatessen. Wegen steigender Schwermetallbelastung der Natur sollten sie aber nicht allzu oft gegessen werden.
Ein ausgewachsener Hase ergibt etwa 4 Portionen. Dagegen reicht ein Wildkaninchen nur für 2 Portionen.

Hasen füllen

Die Vor- und Zubereitung für diesen Braten ist etwas zeitaufwendig, weil das Wildbret sorgfältig pariert werden muss und Rückgrat und Rippenbögen entfernt werden müssen.

1. Den Hasen auf den Rücken legen. Mit einem scharfen Messer das Fleisch vorsichtig von den Rippenbögen lösen, ohne es zu verletzen, damit die Füllung beim Braten nicht herausquellen kann.
2. Das Rückgrat von den Vorderläufen in den Gelenken trennen. Vom Halsansatz her vorsichtig lösen und schließlich auch die Keulen in den Gelenken trennen.
3. Die Füllung auf den ausgebreiteten Hasen verteilen und diesen zusammenrollen.
4. Den Hasen zum Bardieren mit Speckstreifen umwickeln, mit Küchengarn sichern und verknoten.
5. Vorderläufe und Keulen zusammenbinden, eventuell auch mit Speckscheiben abdecken.

Wildbret vorbereiten

Das Wildbret von Schalenwild wie Hirsch, Reh, Wildschwein, aber auch von Stein- und Gamswild wird im Allgemeinen bereits zerwirkt vom Fachhandel angeboten. Die Arbeiten für das Vorbereiten sowie für das Zubereiten der Teile – Rücken, Blatt (Schulter), Keule, Träger (Hals), Bauch – sind für alle diese Wildarten gleich. Rücken und Keule gelten als die edelsten Teile.
Die Vorarbeiten, das so genannte Parieren wie das Auslösen der Filets und der Knochen sowie das Entfernen von Sehnen und Häuten, kann man im Wildgeschäft fachgerecht durchführen lassen. Die Knochen sollte man aber in jedem Fall für eine Wildbrühe mitnehmen. Diese Arbeiten kann man aber auch leicht zu Hause erledigen mit Hilfe nachfolgender Beschreibung für einen Rehrücken.

Rehrücken parieren

1. Den Rücken mit der Fleischseite auf die Arbeitsplatte legen. Zunächst die zu beiden Seiten des Rückgrats liegenden kleinen Filets auslösen. Dabei mit einem scharfen Messer entlang der Rippenknochen schneiden, besser schaben, um das Fleisch nicht zu verletzen. Die Filets von Sehnen befreien.
2. Den Rücken herumdrehen. Am Hals die locker aufliegenden Häute durch Schneiden und Ziehen entfernen.

3. Die mit dem Wildbret verbundenen Sehnen vom Sattel zum Hals in breiten Streifen ablösen. Dabei führt man die Schnitte stets von sich weg, um Verletzungen zu vermeiden. Die Messerschneide mehr entlang den Sehnen gleiten lassen, damit das Fleisch nicht verletzt wird, und mit der anderen Hand die Sehnen anheben.
4. Beiderseits des Rückens entlang den Rippenknochen verbliebene Bauchlappen sowie Fett-Teile abtrennen.

5. Beide Rückenfilets durch vorsichtige Schnitte etwas vom Rückgrat ablösen und den Rückgratknochen mit einer Schere auf die Höhe der Filets zurückschneiden.
6. Um einer Verformung des Rückens beim Braten vorzubeugen, einen Spieß durch das Knochenmark des Rückgrats stoßen.

Über das Bardieren sowie das Spicken des eher mageren Wildbrets, womit eine Austrocknung beim Braten vermieden werden soll, gehen die Meinungen auseinander. Es ist halt Geschmackssache. Trotzdem soll es hier beschrieben werden.

Bardieren des Rückens

1. Den Rücken gleichmäßig mit etwa 1 cm Überlappung mit Speckstreifen umwickeln.
2. Mit Küchengarn locker verschnüren und verknoten, damit sich der Speck durch die Brathitze nicht ablösen kann.

Spicken des Rückens

Gleichmäßige Speckstifte in eine Spicknadel einklemmen und durch den Rand des Fleisches quer zum Rückgrat stechen. Mit einer Schere auf etwa 1 cm Überstand zurückschneiden. Dazu eignet sich grüner Speck – mit anderen Worten: frischer Speck – genauso gut wie geräucherter Speck.

Auslösen der Rückenfilets
Den parierten Rücken vom Halsansatz zum Sattel entlang dem Rückgrat zwischen Knochen und Fleisch einschneiden und so beide Filets vorsichtig ohne Verletzung lösen, dabei das Filetstück von der Karkasse weghalten.
Die beiden kleinen Filets sowie die Rückenfilets können nun gebraten werden. Aus Karkasse und Parüren wird eine Wildbrühe bereitet (Seite 52).

Tranchieren des Rückens
Der gebratene Rehrücken muss vor dem Servieren vom Knochen gelöst werden.
1. Den zum Fixieren des Rückens gebrauchten Spieß als Erstes herausziehen.

2. Das Fleisch durch einen waagerechten Schnitt entlang der Rippen lösen, dabei einen schmalen Rand stehen lassen, damit die geschnittenen Scheiben später einen besseren Halt haben.
3. Mit einem langen Schnitt rechts und links entlang dem Rückgrat die beiden Filets auslösen.
4. Die Filets auf einer Arbeitsplatte quer zur Faserrichtung etwas schräg in Scheiben teilen und wieder auf die Karkasse setzen. Das Wildbret mit der Gabel niemals richtig einstechen, sondern nur mit dem Gabelrücken halten, so kann kein Bratensaft austreten.

Blatt auslösen
Das Fleisch des Blattes – das ist der Fachausdruck für die Schulter – ist muskulös und saftig. Es kann im Ganzen gebraten oder geschmort werden. Für seine Weiterverarbeitung als Ragout sollten vorher die Knochen ausgelöst werden.

1. Das Blatt mit der Innenseite nach oben auf eine Arbeitsplatte legen, den flachen Schulterknochen freilegen und lösen.
2. Den Schulterknochen durch kräftiges Drehen vom Gelenk trennen.
3. Den Oberarmbein-Knochen mit dem Ausbeinmesser vom Fleisch lösen und durch kräftiges Drehen und Ziehen vom Gelenk trennen.
4. Den Unterarmbein-Knochen ebenfalls vom Fleisch lösen und das Blatt von Sehnen und Häuten befreien.

Keule parieren
Eine ausgebeinte Keule gart gleichmäßiger als mit Knochen. Außerdem lässt sich der fertige Braten leichter tranchieren. Eine weitere geschmackliche Variante ergibt sich durch eine Füllung nach Wahl.
1. Den kugeligen Gelenkkopf, das Gegenstück zur Beckenknochenpfanne, mit einem Ausbeinmesser rundherum freischneiden, wobei das Wildbret mit dem Daumen vom Oberschenkelbein abgehalten wird.
2. Mit der linken Hand den Knochen festhalten und das Wildbret in Richtung Kniegelenk mit dem Messer rundherum vom Knochen besser schabend als schneidend lösen. Das Muskelfleisch dabei nicht verletzen.
3. Von der anderen Seite die Sehnen am Kniegelenk durchtrennen, den Oberschenkelbein-Knochen durch kräftiges Drehen vom Kniegelenk lösen und herausziehen.
4. Die Keule von Sehnen, Häuten, Knorpeln und überstehenden kleinen Fleischstückchen befreien.
5. Damit die ausgelöste Keule beim Garen ihre Form behält oder eine mögliche Füllung nicht heraustreten kann, locker mit Küchengarn zusammenbinden und verknoten.

Federwild

Unter Wildgeflügel versteht man den jagdbaren Anteil des Federwildes wie Fasan, Rebhuhn und Wachtel sowie Ringeltaube, Wildenten und -gänse. Sein Fleisch schmeckt gegenüber Hausgeflügel anders, meist ausgeprägter, es ist fest, muskulös und hat wenig Fett. Es zeichnet sich durch einen geringen Energiewert bei einem höheren Anteil ungesättigter Fettsäuren, aber geringerem Cholesteringehalt aus. Alle diese Faktoren prädestinieren Wildgeflügel für eine gesunde Ernährung. Es wird meist küchenfertig, entweder frisch oder tiefgekühlt, angeboten. Während der Saison kann es aber auch im Federkleid vom Wildhandel oder direkt vom Jäger bezogen werden.
TIPPS für den Einkauf: Die Frische zeigt sich – außer an der Farbe des Fleisches – an der Farbe des Fettes. An

hellem, bei Maisfasan auch gelblichem Fett, erkennt man die Frische; hingegen lässt graues bis dunkles Fett auf eine längere Lagerzeit schließen. Das Fleisch des jungen Geflügels ist im Wildbret heller, zarter und saftiger als altes. Beim Fasan, der neben den Feldhühnern am meisten auf dem Markt angeboten wird, kann das Alter am Sporn erkannt werden. Fasanenhähne besitzen einen nach hinten gerichteten kegelförmigen Stumpf, der bei jungen Fasanen kürzer, bei älteren länger ist.

Vorbereitung des Wildgeflügels in der Küche

Die Art der Zubereitung eines Wildgeflügels im Federkleid kann erst nach dem Rupfen entschieden werden. Es zeigen sich die Verletzungen, die durch den Schuss mit Schrot oder Kugel entstanden sind, und man entscheidet dann die Art der Zubereitung: ob im Ganzen gebraten oder zerwirkt in Brustfilets, Flügel und Keulen sowie als Ragout.

Rupfen
Wenn das Geflügel noch im Federkleid ist, muss es zunächst gerupft werden. Die einfachste Methode ist das Trockenrupfen. Üblich ist aber auch das Nassrupfen. Dazu wird vorher das Geflügel abgebrüht. Aus hygienischen Gründen ist es ratsam, diese Tätigkeit außerhalb des Küchenbereichs durchzuführen. Den Vogel mit einer Hand am Fußteil gut festhalten und mit der anderen Hand die Federn entgegen der Wuchsrichtung herausziehen. Gewässer sind heute nicht immer frei von Schadstoffen. Wer möchte, kann daher vorsichtshalber Schwimmvögeln, statt sie zu rupfen, gleich die Haut samt Federn abziehen.

Ausweiden
Dieser Arbeitsgang entfällt, wenn nach der Jagd das Stück ordentlich versorgt, das heißt Kropf und Innereien entfernt wurden.
1. Den Vogel am Kopf fassen, die Haut über dem Kropf zum Brustbein hin einschneiden und so den Kropf freilegen.
2. Den Kropf als Ganzes entfernen oder aufschneiden und entleeren.
3. Den Körper vom Darmausgang bis zum Brustbein auftrennen. Vorsicht, den Darm nicht verletzen.
4. Mit den Fingern die Innereien aus der Bauchhöhle und dem Brustkorb herausziehen. Anschließend das Geflügel unter fließend kaltem Wasser gut ausspülen, damit Reste von Blut, Gewebe und Fett entfernt werden.

Dressieren
Geflügel, das im Ganzen zubereitet werden soll, muss vorher noch in Form gebracht – dressiert werden. So wird ein gleichmäßiges Garen erreicht, Keulen und Flügel können nicht austrocknen oder gar verbrennen.
1. Die Spitzen der Flügel mit einer Geflügelschere abschneiden.
2. Den Vogel auf die Brust legen. Küchengarn unter den Flügelenden hindurchziehen und stramm über dem Rücken kreuzen, so dass sie am Körper anliegen.
3. Auf den Rücken gelegt die beiden Garnenden zwischen Keule und Körper nach oben führen und überkreuzen, unter den beiden Keulenenden durchziehen und zum Schluss die Garnenden festziehen und verknoten, so dass die Keulen am Körper anliegen. So bleibt das Geflügel auch nach dem Braten noch schön in Form.

Zerwirken
Soll das Geflügel nicht im Ganzen gebraten werden, muss es in Portionen zerlegt werden, wodurch sich die Garzeit beim Braten und Schmoren verringert.

Keulen auslösen
Dazu das Geflügel auf den Rücken legen und zuerst die Keulen auslösen. Während mit einer Hand der Schenkel nach außen gedrückt wird, mit einem scharfen Messer die Haut zwischen Körper und Keule durchtrennen und die Schnitte sauber durch das Fleisch bis zu den Gelenken führen. Danach das Gelenk durchschneiden. Große Keulen können nochmals im Kniegelenk in Ober- und Unterschenkel geteilt werden.

Geflügelkeulen entbeinen und füllen
Zum Entbeinen von Gänsekeulen zum Beispiel wird ein scharfes Messer – Ausbeinmesser – benötigt und Sie gehen nach folgendem Schema vor:
1. Das Fleisch entlang der Ober- und Unterschenkelknochen einschneiden.
   Die Knochen mit dem Messer freilegen, dabei das Fleisch auseinander klappen und die Knochen entfernen.
2. Die nicht zu flüssige Füllung darauf eher sparsam verteilen, damit sie beim Braten nicht herausquillt.
3. Das Fleisch zusammenlegen und mit Holzstäbchen oder Küchengarn verschließen. Die Nahtseite der Keulen zuerst anbraten, dann von allen Seiten goldgelb braten.

Flügel und Brustfilets auslösen
1. Die Flügel am Schultergelenk mit einem kleinen Stück Brustfilet zusammen abschneiden.

2. Mit einem kräftigen Schnitt das Schlüsselbein teilen und den Rücken mit einer Geflügelschere entlang den Rippenansätzen abtrennen.
3. Das fleischige Bruststück entlang dem Brustbein in zwei Hälften teilen. Wird das Brustfleisch bei größerem Geflügel ohne Knochen gewünscht, die Brustfilets mit einem Messer am Gabelknochen entlang bis zum Flügelgelenk lösen und den Schnitt von hier bis zum Ende des Brustbeins führen. Dann die Filetstücke von den Rippenknochen lösen.

Füllen

Füllungen verleihen dem Geflügel einen besonderen Geschmack – dank solch markanter Zutaten wie Pilzen, Nüssen, Kastanien u. a. m.
1. Dazu wird der vorbereitete Vogel auf den Rücken gelegt und die Füllung mit einem Löffel in die Bauchhöhle gegeben. Darauf achten, dass nicht zu vollgestopft wird, weil sich die Füllung beim Garen ausdehnt.
2. Die Öffnung mit Holzstäbchen gut verschließen, so kann die Füllung beim Garen nicht herausquellen. Dabei die Hautkanten der Öffnung zusammendrücken. Mit Küchengarn kreuzweise verschnüren wie bei einem Schnürschuh und verknoten.

Würzen unter der Haut

Ist für den Braten keine Füllung vorgesehen, kann das Geflügel mit dieser Methode effektvoll aromatisiert werden.
Dazu wird einfach die Haut mit den Fingern vom Fleisch gelöst und werden frische Kräuter wie Salbei, Basilikum, Petersilie oder eine beliebige Gewürzmischung hineingeschoben und die Haut wieder angedrückt. So zieht das Aroma direkt in das Fleisch.

Bardieren

Das Fleisch von Wildgeflügel wird, um ein Austrocknen des Bratens zu verhindern, mit dünnen Streifen grünen Specks umwickelt. Dabei darauf achten, dass die Streifen oder Scheiben sich etwas überlappen. Anschließend wird alles mit Küchengarn nicht zu stramm verschnürt. So kann sich der Speck beim Braten nicht ablösen und das Fett in das Fleisch eindringen.

Tranchieren

Im Ganzen gebratenes Geflügel wird meistens am Tisch zerlegt – tranchiert. Das muss schnell gehen, damit der Braten nicht erkaltet. Benötigt werden dazu eine zweizinkige Gabel und ein scharfes Tranchiermesser; auch eine Geflügelschere kann hilfreich sein.

1. Das Geflügel liegt mit dem Rücken auf einem Tranchierbrett. Zunächst Flügel und Keulen abtrennen. Dabei mit der Rückseite der Gabel einen Flügel festhalten, die Haut um den Flügel herum einschneiden, zur Seite drücken und im Gelenk durchtrennen.
2. Mit den Keulen ebenso verfahren – niemals mit der Gabel fest einstechen, es würde sonst zu viel Saft verloren gehen. Eventuell Keulen in Ober- und Unterschenkel teilen.
3. Die Brustfilets entlang dem Brustbein einschneiden, mit dem Messer vom Knochen lösen und die Stücke schräg zur Faserrichtung in gleichmäßige, etwa 1 cm dicke Scheiben teilen. Das Brustfleisch kann aber auch direkt in Scheiben abgeschnitten werden.
4. Bei gefülltem Geflügel den Brustkorb mit einer Geflügelschere rundherum abschneiden, damit die Füllung sichtbar wird.

TIPPS:

- Nach dem Kauf das frische, küchenfertige Geflügel innen und außen unter fließend kaltem Wasser gut waschen, anschließend auf einem Sieb abtropfen lassen. Danach innen und außen mit Küchenpapier sorgfältig abtupfen.
- Tiefgekühltes, küchenfertiges Geflügel langsam auftauen um die Qualität zu erhalten. Das geschieht vorzugsweise im Kühlschrank. Jedoch ist ein Auftauen bei Zimmertemperatur oder im Mikrowellengerät auch möglich. Vorher die Verpackung vorsichtig aufschneiden und entfernen.
- Das Geflügel in eine Schüssel auf einen Rost legen, damit es beim Auftauen nicht in der Auftauflüssigkeit liegt. Die Auftauflüssigkeit selbstverständlich wegschütten.
- Arbeitsgeräte und Auftauflüssigkeit dürfen nicht mit anderen Lebensmitteln in Berührung kommen. Wegen Salmonellengefahr die Arbeitsfläche, Küchengeräte und Hände anschließend immer mit heißem Wasser gründlich säubern.

> **Brat- und Garzeiten, Portionen**
>
> Brat- und Garzeiten lassen sich nicht genau angeben, sie hängen vom Alter des Wildgeflügels ab. Wichtig ist es, das Fleisch ganz durch zu garen. Besser als die Garprobe durch Druck auf den Braten – er darf kaum mehr nachgeben – ist das Messen mit dem Fleischthermometer. Die Spitze in das Zentrum des Stückes stechen. Die Kerntemperatur sollte 80 bis 90 °C betragen. Der austretende Bratensaft muß hellklar sein.
>
> Durchschnittliche Gewichte von gerupftem und ausgeweidetem Wildgeflügel
>
> | | |
> |---|---|
> | Wachtel | etwa 150 g |
> | Schnepfe | 250–350 g |
> | Feld-/Rebhuhn | 250–325 g |
> | Wildtaube | 250–400 g |
> | Wildente | 850–900 g |
> | Fasan | 1–1,2 kg |
> | Wildgans | 3–3,5 kg |
> | Wildtruthahn | etwa 5 kg |
>
> Portionsmengen pro Mahlzeit und Person
> 1–2 Wachteln, je nach Füllung
> 1 Rebhuhn
> 1 Wildtaube
> ½ Wildente
> ½ Fasan
> 1 Brustfilet oder 1 Keule der Wildgans
> ½ Brustfilet oder ½ Keule des Wildtruthahns

Auf die geeigneten **Garmethoden** für die unterschiedlichen Wildarten und Fleischstücke wird zu Beginn der Rezeptgruppen auf den Seiten 77, 87 und 109 ausführlicher eingegangen: auf das *Kurzbraten,* auf *Schmoren* und *Dünsten,* auf die Garmethoden im Ofen, also Braten, Schmoren und *Backen.* Was dort oder auch in einem Rezept nicht erwähnt wird, kommt hier kurz zur Sprache. *Grillen* war früher bei Jägern die Garmethode schlechthin und sie hat bis heute nichts von ihrer Faszination verloren. Eine Rehkeule oder eine Wildente am Spieß über Holzkohlenglut gegrillt lässt leicht Lagerfeuerromantik aufkommen. Ob über oder neben Holzkohlenglut, mit Elektro- oder Gasstrahlern, wichtig ist die Abstrahlung großer Hitze. So bildet sich rasch eine Kruste auf der Fleischoberfläche, der Saft bleibt im Innern. Mehrmals mit Marinade oder Fett bepinselt, wird auch das Austrocknen das Bratens verhindert. Der Abstand zwischen Glut und (gefettetem) Rost, auf dem das Fleisch liegt, soll etwa 10 cm betragen, Fett darf aber nicht in die Glut tropfen. Zum *Frittieren* eignen sich insbesondere Teile jungen Wildgeflügels, zuvor in einen Ausbackteig getaucht, dann im auf 170 °C vorgeheizten Fettbad gegart.

Die besten Beilagen zu Wild

Jagdsaison und Reifezeit von Wildfrüchten, Pilzen, Kastanien, Nüssen und vielen Obstsorten fallen beide in den Herbst. Charaktervolles Wildfleisch geht seit jeher mit ausgeprägten Aromen eine ideale Verbindung ein: Denken wir nur an Quitte oder Birne, Holunder oder Schlehe, Sanddorn oder Hagebutte, nicht zu vergessen manche Südfrucht. Kommt dazu die richtige Würze, so steht einem kulinarischen Erlebnis der besonderen Art nichts mehr im Wege.

Als klassische Beilagen zu Wild eignet sich fast alles – Hülsenfrüchte, Nudeln oder Spätzle, Kartoffeln in allen Varianten (siehe auch S. 82 u. 84), Klöße aus Kartoffeln (S. 120 u. 122) oder Semmeln, Croûtons zu Salaten.

Ein Tipp: Mit kurz gebratenen und gegrillten Gerichten harmonieren knusprige, jedoch mit Wildbraten besser saftige, gehaltvolle Beilagen.

WILDBEEREN

In Europas Heiden, Mooren und Gebirgen sowie in Nordamerikas, Skandinaviens und Sibiriens klimatisch oftmals noch rauheren Breiten gedeihen dennoch allerlei Sträucher. Viele bringen ausgezeichnete Beerenfrüchte hervor und manche Büsche werden in Plantagen kultiviert, wodurch die Ausbeute erheblich steigen kann. Es gibt einige Beerenarten, die sich vielfältig einsetzen lassen: als Kompott, Mus oder Konfitüre im Kontrast zum Geschmack des Wildfleischs oder als eigenständiges Dessert oder Bestandteil eines Kuchens. Preiselbeeren, Sanddorn und Hagebutten würzen als Zutat auch Saucen. Geerntet werden die Wildbeeren je nach gewünschtem Reifegrad zwischen August und November. Allen hier erwähnten Arten gemein ist ein hoher Gehalt an Mineralstoffen und Vitamin C, Sanddorn und Schlehen enthalten zusätzlich noch Provitamin A und Vitamin B.

Preiselbeeren *(Vaccinium vitis-idaea, Kronsbeeren)* schmecken herbsauer, können nicht roh verzehrt werden, ergeben als Kompott oder Konfitüre eine ausgezeichnete Beilage zu Wildbraten, Schmorgerichten und Kurzgebratenem, eignen sich zum Abschmecken von Saucen. Die rötlich-fleischigen **Cranberries** *(Vaccinium macrocarpon, Kranichbeeren)* werden vor allem in Nordamerika kultiviert, sind größer als Preiselbeeren, ihr Aroma ist nicht so vielseitig und intensiv. **Moosbeeren** *(Vaccinium oxycoccos)* sind verwandt mit Preiselbeeren, aber weniger aromatisch und von blassroter Farbe.

Heidelbeeren *(Vaccinium myrtillus, Bick-, Blau-, Schwarzbeeren)* schmecken roh, mit Milch und Zucker wunderbar, passen als Kompott oder Konfitüre zu Wildgerichten.

Sanddorn *(Hippophaë rhamnoides)*: Der Geruch der gelb- bis orangefarbenen Beeren erinnert an Ananas, ihr Geschmack ist eher sauer. Sie werden zu Kompott, Konfitüren, Saft und Sirup verarbeitet, sind frisch oder getrocknet für Saucen geeignet und schmecken zu gebratenen oder gegrillten Wildgerichten.

Schlehen *(Prunus spinosa, Schwarzdorn, Schlehenpflaume, Dornschlehe)*: Die blauschwarzen bereiften kugeligen Früchte schmecken herbsauer. Ihr Fleisch wird erst nach stärkerem Herbstfrost weich und süßer, wird zu Gelee, Saft, Wein, Schlehengeist und Likör verarbeitet. Schlehen getrocknet oder süßsauer eingelegt sind eine gute Wildbeilage.

Hagebutten *(Rosa canina, Hecken- oder Hundsrose)* werden vollreif, aber ungefroren gesammelt, sind sehr gesund und würzen als Konfitüre auch Wildsaucen.

Holunder *(Sambucus nigra, Schwarzer Holunder, Fliederbeeren oder Holler)*: Die in Dolden am hohen Strauch voll gereiften, fast schwarzen Beeren dürfen nicht roh gegessen werden. Das zubereitete Mus – „Hollermus" – oder Kompott mit markantem Aroma passt gut zu kräftigem Wildbraten, weniger zu zartem Wildgeflügel.

Vogelbeeren *(Sorbus aucuparia var. dulcis)*: An der Eberesche reifen Doldenfrüchte, die orangefarbenen bis roten Beeren – sie sind auch bei Vögeln beliebt. Wir sollten Vogelbeeren nicht roh essen, sie enthalten Gerbsäure und Bitterstoffe, können Durchfall und Erbrechen verursachen. Doch zu Mus, Kompott oder Gelee, Sirup, Wein oder Likör verarbeitet, eignen sie sich als Wildbeilage.

PILZE

Wild wachsende Pilze sind mit ihrem markanten Aroma klassische Begleiter von Wildgerichten. Da heute Wildbret das ganze Jahr über zur Verfügung steht, nimmt man aber auch Zuchtpilze wie Champignons und Austernpilze. In der Küche sollten nur frische, unbeschädigte Pilze ohne Maden verwendet werden: trocken und fest, locker in einer Papiertüte im Gemüsefach des Kühlschranks nicht länger als zwei Tage aufbewahrt. Trockenpilze, trocken und kühl gelagert, können immer verarbeitet werden.

Pfifferlinge *(Chantarellus cibarius, Pfefferling, Reherl oder Eierschwamm)*: Die kleinen, gelben Blätterpilze schmecken kräftig-würzig und jung am besten. Sie werden meist in Butter gedünstet oder in Olivenöl mit Butter sautiert.

Steinpilze *(Boletus edulis, Herrenpilze)* zählen zu den schmackhaftesten Pilzen überhaupt. Von Juli bis Oktober werden sie frisch gesammelt. Sonst greift man auf getrocknete Steinpilze zurück, deren Aroma – anders als bei anderen Pilzarten – durch Trocknung noch verstärkt wird.

TIPP: Trockenpilze werden einige Zeit in kaltem bis lauwarmem Wasser eingeweicht, das dann eine ideale Würze für Wildsaucen ergibt, denn es enthält Aromastoffe, sollte aber wegen des Sands vor Gebrauch gefiltert werden.

Morcheln *(Morchella esculenta)* gedeihen vor allem in Auwäldern. Sie werden zwischen April und Juni gesammelt und als Konserve oder getrocknet angeboten. Ihr zartes, aromatisch-würziges Fleisch harmoniert ausgezeichnet mit Wild.

Champignons *(Agaricus campester var. silvaticus)* gedeihen auf Feldern und Wiesen. Doch heute im Handel angebotene Champignons werden fast ausschließlich in Kellern oder unterirdischen Gewölben gezüchtet. Mit ihrem zarten Fleisch und feinen Aroma sind sie sehr beliebt. Braune Champignons, auch Egerlinge genannt, sind seltener, aber noch aromatischer als die weißen Verwandten. Beim Kauf sollte man auf geschlossene Hüte und auf helle, blasslilafarbene Lamellen achten.

Austernpilze *(Pleurotus ostreatus, Austernseitling)* sind graubraune Speisepilze, die in der freien Natur an Baumstämmen wachsen. Inzwischen werden sie jedoch das ganze Jahr über kultiviert. Ihr sehr intensives Aroma macht sie als Beilage oder Füllung für kräftige Wildgerichte geeignet.

Trüffeln *(Tuber melanosporum):* Ob schwarz, schwarzbraun oder weiß, sie sind absolut die edelsten, aber auch die wertvollsten Pilze. Trüffeln gibt es in Dosen zwischen 25 und 100 Gramm, jedoch frisch ist ihr Aroma viel intensiver. Kaufen Sie nur trockene, feste und kräftig aromatische Exemplare, davon reichen wenige Gramm, kalte und warme Wildgerichte nachhaltig zu würzen.

NÜSSE, KASTANIEN

Haselnuss *(Coryllus avellana):* Die Früchte des Haselstrauchs werden im Herbst gesammelt, wenn sie aus der Hülle herausfallen, und müssen gut getrocknet werden. Haselnüsse enthalten viel Fett, Eiweiß, Vitamine und Mineralstoffe. In der Wildküche sind sie als Zutat zu Füllungen, zum Panieren von Braten und für Salatsaucen beliebt.

Walnuss *(Juglans regia):* Walnusskerne können frisch oder getrocknet, ganz, gehackt oder gemahlen verwendet werden für Salate, Wildsaucen, zum Panieren, als dekorative Garnitur oder gar Bestandteil eines Likörs (s. S. 164). Durch längeres Lagern werden sie ranzig, also immer zügig verbrauchen.

Edelkastanien *(Castanea sativa),* auch Esskastanien oder Maronen genannt, sind die Früchte des echten Kastanienbaums. Heute im ganzen Mittelmeerraum, aber auch in den wärmeren Regionen Mitteleuropas verbreitet, werden die Früchte im Herbst gesammelt, wenn sie herabfallen. Sie besitzen hohen Nährwert – dank Kohlenhydraten und Eiweiß, jedoch wenig Fett. Gekocht und geröstet werden sie mehlig und bekommen leicht süßen, nussigen Geschmack. Wie vielseitig sie zu verwenden sind – als Beilage, für Gebäck oder Dessert, zeigen die Rezepte auf den Seiten 110, 145 und 154/155.

Würzen

Würzende Kräuter und Gewürze tragen wesentlich zum guten und unverwechselbaren Geschmack bei. Beinahe alle Kräuter lassen sich frisch und getrocknet verwenden. Genannt sei *Basilikum* für mediterrane Salate und Suppen, *Beifuß* zu fetterem Fleisch von Ente und Gans, *Bohnenkraut* für allerlei deftige Wildgerichte, *Brunnenkresse* – nur frisch – für Salate, Suppen, Brühen und Saucen.

Estragon ist vielseitig, würzt Marinaden, Essig, feine Saucen, Geflügel- und andere Wildgerichte. *Gewürznelke* würzt intensiv und ist für beinahe alles, ob aus der salzigen oder süßen Sparte, zu gebrauchen. *Ingwer* in verschiedener Form, doch stets markant, scharf-frisch, passt gut zu vielen Geflügel- und Wildgerichten, Suppen, Saucen, aber auch zu Obst und Kompott. Eingelegte *Kapern* entfalten sich in hellen Saucen und zu zartem Wildfleisch.

Blätter und Stängel des *Koriander* eignen sich für Salate, Saucen und Suppen, seine Samen für Marinaden und Beizen. Junge Blätter des *Kümmel* bereichern Salate, seine Samen Gemüse-, Kartoffel- und Pilzgerichte sowie manche schwer verdauliche Speise. Blüten und Blätter des *Lavendel* würzen mediterrane Geflügel- und Gemüsegerichte. *Lorbeer* als weltweit verbreitetes Gewürz verfeinert Marinaden, Saucen, Suppen, Terrinen, Pasteten, allerlei Geflügel und Wild, verträgt auch lange Garzeiten. *Majoran* passt zu allem Herzhaftem, beispielsweise zu Pasteten und Würsten. *Paprikapulver* steht in verschiedenen Schärfegraden bereit und sollte nicht zu stark erhitzt werden. *Petersilie* passt zu fast allen Speisen; ähnlich variabel einzusetzen ist *Pfeffer,* ob nun schwarz, weiß oder grün, als ganze Körner oder frisch gemahlen. *Piment* kann Pfeffer leicht ersetzen und ist sogar bekömmlicher. *Rosmarin* verbreitet sein kräftiges Aroma zu geschmorten und gegrillten Gerichten sowie in Marinaden und macht Fett leichter verdaulich. *Salbeiblätter* würzen getrocknet stärker als frisch, passen besonders gut zu Füllungen für Gänsebraten, *Thymian* verhält sich ähnlich wie Salbei, passt zu vielen anderen Kräutern und zu sehr vielen Wildgerichten.

Die bitter-süßen Beeren des *Wacholder* verleihen – auch kombiniert mit Knoblauch und aromatischen Kräutern – Saucen, Marinaden und Wildbraten angenehme Würze. *Ysop* verträgt sich gut mit Lorbeer und Wacholder zum Beispiel in Marinaden. Das süßlich-brennende Aroma von *Zimt* setzt in süßen und salzigen Gerichten einen angenehmen Akzent.

Getränke

Die Auswahl ist groß – Bier, Obstwein, Fruchtsaft und Mineralwasser, doch guter Wein gilt gemeinhin als idealer Begleiter eines festlichen Essens. Dazu gibt es verschiedene Regeln:

- Der zum Abschmecken verwendete Wein soll auch als gutes Getränk geeignet sein. Werden im Verlauf eines Menüs verschiedene Weine angeboten, so trinkt man erst die leichten, jüngeren sowie die trockenen, danach die gehaltvolleren und die süßeren.
- Zu kalten Vorspeisen wie Terrinen passt ein leichter Riesling oder Weißburgunder; zu warmen Vorspeisen auch mittelschwerer Weißwein oder milder junger Rotwein.
- Zu Suppen serviert man nur dann Wein, wenn er auch zum Abschmecken verwandt wurde.
- Pilzgerichte harmonieren auch mit kräftigerem Rotwein.
- Zu Wildgeflügel, aber auch zu Damwild, Hase und Kaninchen passt je nach Geschmack kräftiger Weißwein, Rosé oder leichter Rotwein.
- Sonst dürfen Sie zu Gerichten mit Schalenwild gut einen reifen Rotwein reichen: zum Beispiel Burgunder, Bordeaux oder Barolo.
- Zu Desserts – außer solchen mit Schokolade – passen Prädikatsweine: Spätlese, Auslese sowie Portwein oder Madeira.

Ein Menü wird ideal abgerundet von einem Mokka oder von etwas Hochprozentigem, also von Cognac, Trester, Calvados, Enzian, Himbeergeist, Mirabelle oder einem anderen Obstler.

Grundrezepte: Brühen und Saucen

Sollten wir kurz gefasst das A und O – wie Anfang und Ende, nach dem griechischen Alphabet – der Wildküche nennen, so würden die Grundrezepte sicher mehr als den Buchstaben A (wie Alpha) ausmachen. Viele Menüs beginnen mit einer Vorspeise oder Suppe. Häufig benötigen Sie dafür schmackhafte Brühe, die sich aus Wild- oder Wildgeflügelknochen, Gemüse und Kräutern herstellen und sich für späteren Bedarf einfrieren lässt. Ebenso oft ist in klassisch komponierten Wildgerichten, also Hauptgerichten mit Beilage(n), die richtige Sauce ein kulinarisches Muss. Ganz gleich durch welche Zutaten ihr Geschmack geprägt wird, jede Sauce gewinnt mit deren Güte und Frische – und eine wichtige Grundzutat ist fast immer Brühe.

Wildgeflügel- und Wildgeflügelkraftbrühe
Grundrezept für etwa 2–2½ Liter

2 kg Wildgeflügelkarkassen (Knochen)
400 g Gemüse: Möhre, Lauch (nur das Weiße), Stangen- und Knollensellerie
Petersilienwurzel, Zwiebel
1 Knoblauchzehe, 1 Kräuterstrauß
(2–3 Zweige Petersilie, 1 Zweig Thymian, 1 Lorbeerblatt)
10 Pfefferkörner, 3–4 Pimentkörner, Salz

Die Karkassen waschen und zerkleinern (Bild 1).
Die Karkassen blanchieren, dann kalt abbrausen (Bild 2).
In 3 Liter kaltem Wasser aufsetzen und aufkochen lassen.

Den Schaum abschöpfen und bei kleiner Hitze köcheln lassen.

In dieser Zeit das Gemüse waschen, putzen und klein schneiden. Zwiebel und Knoblauch abziehen. Die Zwiebel ohne Fett in einer Pfanne bräunen (Bild 3).

Gemüse, Knoblauch, Kräuterstrauß und Gewürze nach 1 Stunde Kochzeit in die Brühe geben (Bild 4) und alles 1 weitere Stunde köcheln lassen.

Die Karkassen herausnehmen.

Die Brühe durch ein Tuch gießen (Bild 5), entfetten (Bild 6) und bei Bedarf verwenden oder einfrieren.

Für den Klärvorgang:
200 g Rinderhesse (Wade)
200 g Fasanenkeulenfleisch
gut ¼ Liter Eiswasser
2–3 Eiweiß
je 100 g Möhren und Lauch
400 g Wildgeflügelklein
2½ Liter Wildgeflügelbrühe
10 g frische Petersilie, nach Belieben frischer Kerbel
1 Msp. abgeriebene Muskatnuss

Rinderhesse und Fasanenfleisch im Fleischwolf grob zerkleinern, mit Eiswasser, Eiweiß und dem geputzten klein geschnittenen Gemüse mischen und kalt stellen. Das Wildgeflügelklein fettlos im Backofen braun rösten, um die gewünschten Farb- und Aromastoffe zu erhalten (Bild 7).

Alles zusammen in einen großen Topf geben und die kalte, entfettete Brühe dazugießen. Unter Rühren langsam zum Kochen bringen. Die geronnene Schicht an der Oberfläche abschöpfen (Bild 8). Sobald der Siedepunkt erreicht ist, die Brühe 2 Stunden nur sieden lassen, dabei häufig das Fett mit einer Kelle abschöpfen (Bild 9).

Die Brühe anschließend durch ein mit einem Passiertuch ausgelegtes Sieb möglichst direkt in einen Topf mit den frisch gehackten Kräutern gießen oder die frischen Kräuter und Muskatnuss in das Passiertuch geben und dann die Kraftbrühe durchgießen (Bild 10).

Sofort weiter verwenden oder nochmals entfetten, abschmecken und abgedeckt im Wasserbad bereithalten. Man kann die Kraftbrühe – sie sollte absolut klar sein – aber auch abkühlen lassen und portioniert einfrieren (Bild 11).

TIPPS:

- Das Fleisch zum Klären sollte möglichst frisch sein, da abgehangenes der Kraftbrühe den frischen Geschmack nimmt.
- Zum Klären von Wildkraftbrühen wird mageres Wildfleisch genommen.
- Als Einlage für Kraftbrühen eignen sich gegarte, in Streifen geschnittene Gemüse, Eierstich, Klößchen aus Grieß oder Fleisch, Würfelchen von gekochtem Geflügel- oder Wildfleisch, kleine Nudeln, Flädle, Reis oder einfach frische Kräuter.
- Kraftbrühen schmecken in der heißen Jahreszeit auch kalt.

Diese Hinweise sind ebenso gültig für die folgende Zubereitung von Wildbrühe und Wildkraftbrühe.

Wildbrühe und Wildkraftbrühe
Grundrezept für etwa 2½ Liter

300 g Gemüse, z. B. 1–2 Möhren, 2 Zwiebeln,
1 Stange Lauch (Porree), 1 Stück Sellerieknolle,
1 Petersilienwurzel, 4 Wacholderbeeren
nach Belieben 50 g magerer Speck
⅛ Liter Pflanzenöl
2 kg Wildknochen und -parüren
(Häute, Sehnen, Fleischreste)
¼ Liter Weiß- oder Rotwein, Salz
Gewürzbeutel mit 5 Wacholderbeeren, 5 Pfefferkörnern,
2 Pimentkörnern, 1 Lorbeerblatt, 1 Nelke,
je ¼ TL getrocknetem Basilikum, Thymian und
Rosmarin, 1 Knoblauchzehe mit Schale

Das Gemüse waschen, putzen, trockentupfen und klein schneiden. Die Wacholderbeeren zerdrücken. Den Speck würfeln. Das Öl in einem weiten Topf oder Bräter erhitzen. Die Knochen und Parüren etwa 20 Minuten braun anbraten. Speck, Wacholderbeeren und Gemüse zufügen und weitere 5 bis 10 Minuten bräunen. Mit dem Wein ablöschen. Nun 3½ Liter Wasser zufügen. Nach dem Aufkochen abschäumen und salzen. Bei mäßiger Hitze 2½ bis 3 Stunden kochen lassen. Ab und zu entfetten. Nach 2 Stunden den Gewürzbeutel hineingeben. Zum Schluss die Brühe durch ein Tuch gießen, eventuell portioniert einfrieren.

Durch Klären wird die Wildbrühe zu **Wildkraftbrühe.**

Für den Klärvorgang:
400 g Wildfleisch (Haxe)
gut ¼ Liter Eiswasser, 2–3 Eiweiß
je 100 g Möhren und Lauch, 2½ Liter Wildbrühe
3–4 EL (10 g) frische Petersilie
nach Belieben frischer Kerbel
1 Msp. abgeriebene Muskatnuss

Für den Klärvorgang das Wildfleisch im Fleischwolf grob zerkleinern, mit Eiswasser, Eiweiß und dem geputzten klein geschnittenen Gemüse mischen und kalt stellen.
Alles zusammen in einen großen Topf geben, die kalte, entfettete Wildbrühe zugießen. Unter Rühren langsam zum Kochen bringen. Die geronnene Schicht an der Oberfläche abschöpfen. Sobald der Siedepunkt erreicht ist, die Brühe 1½ bis 2 Stunden bei niedriger Temperatur nur leicht kochen lassen, dabei häufig das Fett abschöpfen. Die Brühe anschließend durch ein mit einem Passiertuch ausgelegtes Sieb möglichst direkt in einen Topf mit den frisch gehackten Kräutern gießen oder die frischen Kräuter und Muskatnuss in das Passiertuch geben und dann die Kraftbrühe durchgießen. Sofort weiterverwenden oder nochmals entfetten und abgedeckt im Wasserbad bereithalten. Man kann diese Brühe aber auch abkühlen lassen und (portioniert) einfrieren.

Die **Grundbrühe** dient – wie die gleiche Brühe mit Wildgeflügel (s. S. 50/51) – als Grundlage für viele gute Saucen und Suppen. Frische und Qualität der Zutaten sind ausschlaggebend für den guten Geschmack. Tomatenmark und Pilze sowie Wein und Fruchtgelee verleihen der Grundbrühe eine unterschiedliche Aromatisierung.

Eine gute Wildbrühe – schnell aufgetaut – kann mit einer Mehlbutter gebunden werden.

Zutaten für die Mehlbutter:
40 g Butter, 15 g Mehl, ½ Liter Wildbrühe
nach Belieben 1 EL konzentriertes Tomatenmark
Salz, frisch gemahlener Pfeffer

Die Butter in Würfel schneiden. Das Mehl darüber sieben und verkneten. Die Wildbrühe in einen Topf geben und zum Kochen bringen. Die Mehlbutter nach und nach mit einem Schneebesen einrühren. Nach Belieben Tomatenmark zufügen. 10 Minuten bei mäßiger Temperatur köcheln lassen. Mit Salz und Pfeffer abschmecken. Durch ein Sieb passieren.

Eine dunklere Sauce erhält man, wenn mit einer Mehlschwitze (Einbrenne, Roux) gebunden wird.

Zutaten für die Mehlschwitze:
40 g Butter, 20 g Mehl
nach Belieben 1 EL konzentriertes Tomatenmark
½ Liter Wildbrühe, Salz, frisch gemahlener Pfeffer

Die Butter in einen Topf geben und erhitzen. Das Mehl hineinstreuen und durchschwitzen. Unter Rühren eine braune Farbe nehmen lassen. Nach Belieben Tomatenmark zufügen. Die kalte Wildbrühe nach und nach unter ständigem Rühren mit dem Schneebesen angießen. 10 bis 15 Minuten köcheln lassen, würzen und durch ein Sieb passieren.

TIPPS: Nach Belieben können diese Wildsaucen mit Rotwein, Sherry, Port, Madeira, Fruchtsäften, Fruchtmark, Pilzen – besonders Trüffeln –, süßer oder saurer Sahne verfeinert werden. Außerdem können Wildkräuter wie Löwenzahn, Sauerampfer, Brennnesselspitzen, Thymian und Oregano zerkleinert zugefügt werden.

Wildsauce

Grundrezept für etwa 2½ Liter

etwa 250 g Röstgemüse wie 2 Möhren
1–2 Zwiebeln
1 Stange Lauch (Porree),
1 Stück Sellerieknolle, 1 kleine Petersilienwurzel
175 g Fett (Öl oder Schmalz)
2,5 kg Wildknochen und -parüren
(Haut, Sehnen, Fleischreste)
30 g Speckreste
3 Wacholderbeeren, 3 Pfefferkörner
100–125 g Mehl
½ Liter Rotwein
3 Liter Wildbrühe (s. S. 52)
1 Gewürzbeutel bestehend aus 1 Lorbeerblatt,
1 Nelke, je 1 Msp. getrocknetem Basilikum,
Rosmarin und Thymian, 15 g Trockenpilze
Salz

Das Gemüse waschen, putzen, trockentupfen und klein schneiden. Das Fett erhitzen und die Wildknochen und -parüren sowie Fleisch- und Speckreste anbraten. Das Gemüse, die zerdrückten Wacholderbeeren und Pfefferkörner zugeben und bräunen lassen. Durch den Grad des Anbratens werden Geschmack und Farbe gebildet (Bild 1).

Nun das Mehl darüber streuen und durchrösten lassen. Mit dem Wein ablöschen (Bild 2) und nach und nach unter Rühren die Wildbrühe zufügen. Nach dem Aufkochen öfters abschäumen und entfetten.

Bei mäßiger Temperatur 2½ Stunden köcheln lassen. Nach 2 Stunden den Gewürzbeutel zufügen und salzen. Die Sauce wird zunächst durch ein Sieb gedrückt (Bild 3), dann durch ein Tuch passiert.

Diese Wildgrundsauce passt zu Wildbraten und gebratenem Wildgeflügel sowie auch zu kurz gebratenem portioniertem Wildfleisch.

WILDSAUCEN-VARIANTEN

Wildrahmsauce

1 Zwiebel, 3 Wacholderbeeren
50–60 g Butter, 1 Nelke, ¼–½ Lorbeerblatt
etwa 3 EL Rotweinessig, ½ Liter Wildsauce (siehe links)
etwa 125 g saure Sahne, Salz, Pfeffer

Die Zwiebel abziehen und hacken, die Wacholderbeeren zerdrücken. Die Hälfte der Butter erhitzen und die Zwiebel darin andünsten. Die Wacholderbeeren zufügen sowie die Nelke und das Stückchen Lorbeerblatt. Mit dem Essig ablöschen und einkochen. Nun die Wildsauce und saure Sahne zufügen. Einkochen lassen und passieren. Mit der restlichen Butter verfeinern.

Rehsauce

1 Schalotte, 2 Pfefferkörner, 2 Wacholderbeeren
¼ Liter Rotwein
1 Msp. getrockneter Thymian, 1 Lorbeerblatt
½ Liter Wildsauce (siehe links)
etwa 1 EL Zitronensaft, 30 g Butter, Salz

Die Schalotte abziehen und hacken. Pfefferkörner und Wacholderbeeren zerdrücken. Diese Zutaten mit dem Rotwein in einen Topf geben. Thymian und Lorbeerblatt zufügen und köcheln lassen beziehungsweise reduzieren. ½ Liter Wildsauce und Zitronensaft zufügen und das Ganze durchkochen. Durch ein Sieb passieren und mit der in Stücke geschnittenen Butter vollenden und abschmecken.

Wildpfeffersauce

40 g Speck
2 Schalotten, 1 kleine Möhre, 60 g Butter
3–4 Pfefferkörner, 3 EL Rotweinessig
gut ¼ Liter Weiß- oder Rotwein
etwa ½ Liter Wildsauce (siehe oben links), Salz

Den Speck würfeln. Die Schalotten abziehen. Die Möhre putzen und beides klein schneiden. Die Hälfte der Butter in einem Topf erhitzen. Speck, Schalotten sowie die Möhre zufügen. Die zerdrückten Pfefferkörner hineingeben und anschwitzen. Mit dem Essig ablöschen. Den Wein zufügen und einkochen lassen. Die Wildsauce zugeben und wieder etwas einkochen lassen, dann passieren und abschmecken. Mit der restlichen Butter verfeinern.
Eine weitere Verfeinerung: 1 Esslöffel angewärmtes Johannisbeergelee und 100 ml Sahne zufügen; nur noch erwärmen, nicht mehr kochen lassen, nach Belieben auch einige eingelegte grüne Pfefferkörner zufügen.

Wacholdersauce

2 Schalotten, 30 g Speckreste
4–5 Wacholderbeeren, 30 g Butter
⅛ Liter Rotwein
etwa ½ Liter Wildsauce (siehe Seite 53)
1 Stück unbehandelte Orangenschale
Salz, frisch gemahlener Pfeffer
etwa 1 EL Zitronensaft
2–3 EL Genever

Die Schalotten abziehen und hacken. Den Speck würfeln. Die Wacholderbeeren zerdrücken. Die Butter in einem Topf erhitzen. Speck, Schalotten und Wacholderbeeren anschwitzen. Mit dem Rotwein ablöschen. Wildsauce und Orangenschale zufügen und köcheln lassen, bis die gewünschte Konsistenz erreicht ist. Die Sauce passieren und mit Salz, Pfeffer, Zitronensaft und Genever abschmecken.

Rotweinsauce

2 rote Zwiebeln
40 g Zucker
¼ Liter Rotwein
¼ Liter roter Portwein
5 EL Noilly Prat (Wermut mit etwa 20 Kräutern)
1 Msp. Thymian
75 g Butter
Salz, Pfeffer

Die Zwiebeln abziehen und in Ringe schneiden. Den Zucker in einen Topf geben und unter Rühren goldgelb karamellisieren. Die Zwiebeln zufügen und etwa 5 Minuten glasieren. Mit dem Rotwein ablöschen und etwas einkochen lassen. Nun den Portwein angießen sowie Noilly Prat und den Thymian zufügen. Etwa 10 Minuten einkochen lassen, bis sich die Flüssigkeit um die Hälfte reduziert hat. Durch ein Sieb passieren und die eiskalte Butter in Stücken einrühren. Mit Salz und Pfeffer abschmecken.

Variation:

Anstelle mit Rotwein und rotem Portwein mit herbem Cidre und weißem Portwein ablöschen. Nach dem Reduzieren und Passieren 1 Esslöffel Sanddorn-Fruchtmark, Sanddorn-Gelee oder -Marmelade zufügen, erhitzen und dann die eiskalte Butter einrühren. Mit Salz und schwarzem Pfeffer würzen.

Grundrezepte: Marinaden und Beizen

Abhängig von der Wildart und dem Alter des erlegten Stücks kann es nötig und sinnvoll sein, das Fleisch vor der Weiterverarbeitung mehr oder weniger lang in Marinade oder Beize einzulegen, um es nachhaltig zu würzen und zarter zu machen. Früher war dies auch eine bewährte Methode der Haltbarmachung. Wer heute den delikaten Geschmack unverändert mag, muss Wildbret jedoch nicht unbedingt marinieren; es sei denn, das Fleisch stammt von in der Brunft- oder Rauschzeit erlegtem Schalenwild und schmeckt streng.

Junges Wildbret sowie aufgetautes Fleisch sollte nicht mariniert werden. Bei der Tiefkühlware ist das Zellgewebe weniger fest. Weiteres Auslaugen wäre die Folge und der Braten würde trocken und strohig. Wein oder eine andere Säure werden erst nach dem Braten zugefügt.

Essigmarinade oder Weinmarinade
Grundrezept für 1 Liter Flüssigkeit

1 Zwiebel
1 Knoblauchzehe
1 Möhre
7–8 Pfefferkörner
5 Wacholderbeeren
2 Nelken
1 Zweig Thymian
1 Lorbeerblatt
1 Msp. Rosmarin
400 ml Essig
600 ml Wasser
oder anstelle von Essig und Wasser
1 Liter Weiß- oder Rotwein

Die Zwiebel und die Knoblauchzehe abziehen. Die Möhre putzen und schälen. Die Zwiebel und Möhre würfeln. Die Knoblauchzehe zerdrücken. Pfefferkörner, Wacholderbeeren und Nelken zerdrücken, in eine Schüssel geben. Thymianzweig, Lorbeerblatt und Rosmarin zufügen. Mit Essig und Wasser begießen oder statt dessen Weiß- oder Rotwein nehmen. Das Fleisch damit bedecken, sonst die Menge der Marinade erhöhen. Zugedeckt unter regelmäßigem Wenden 3 bis 4 Stunden bei Raumtemperatur oder im Kühlschrank über Nacht marinieren.

Das Fleisch sollte vor der Weiterverarbeitung gut abtropfen und trockengetupft werden. Nasses Fleisch wird beim Anbraten nicht braun.

Kräutermarinade

1 Schalotte, 1 Knoblauchzehe
1 kleines Stück Sellerieknolle
1 Möhre, 1 Stück Lauchstange
5 Wacholderbeeren, 8 schwarze Pfefferkörner
3 Pimentkörner, 3 Korianderkörner
je ½ TL getrocknete(r) Thymian, Majoran sowie Rosmarinnadeln
1 Lorbeerblatt, 1 Tannenzweig von 8–10 cm
3 EL Cognac, 125 ml Traubenkernöl

Die Schalotte und den Knoblauch abziehen. Die Schalotte würfeln und den Knoblauch zerdrücken. Das Gemüse waschen, putzen und in Stücke schneiden. Wacholderbeeren, Pfeffer-, Piment- und Korianderkörner zerdrücken. Das Wildfleisch in eine Schüssel geben. Alle Zutaten mischen und das Fleisch damit einreiben. Gut gekühlt mindestens 12 Stunden abgedeckt stehen lassen. Hin und wieder das Fleisch wenden.

Buttermilchbeize

6 schwarze Pfefferkörner, 5 Wacholderbeeren
1 Lorbeerblatt
1 Gewürznelke
2–3 Scheiben einer unbehandelten Zitrone
1 Liter Buttermilch

Pfefferkörner und Wacholderbeeren zerdrücken. Alle Zutaten in eine Schüssel geben und das Fleisch hineinlegen. Abgedeckt kühl stellen.

Marinade mit Olivenöl

5 schwarze Pfefferkörner, 3 Pimentkörner
5 Wacholderbeeren
¼ Liter Olivenöl
1 Zweig frischer Ysop

Pfeffer- und Pimentkörner sowie Wacholderbeeren zerstoßen und in eine Schüssel geben. Das Fleisch einlegen und mit Olivenöl übergießen. Ysop darauf legen und abgedeckt über Nacht marinieren.

oder

je ½ TL getrockneter Thymian, Majoran und Oregano
gut ¼ Liter Olivenöl
½ Liter Rotwein

Das Fleisch mit den Kräutern einreiben, mit dem Olivenöl beträufeln und mit Rotwein begießen. Abgedeckt einige Stunden im Kühlschrank marinieren. Hin und wieder das Fleisch wenden.

Gekochte Marinade

1 Zwiebel, 2 Schalotten, 1 Knoblauchzehe
1 Nelke, 1 Möhre
1 Stange Sellerie oder 1 Stück Sellerieknolle
1 kleine Petersilienwurzel
5 Pfefferkörner, 2 Pimentkörner, 3 Wacholderbeeren
1 Lorbeerblatt, ½ TL getrockneter Thymian
1 TL Rosmarinnadeln
4–5 EL Olivenöl
2–3 Zweige glattblättrige Petersilie
gut ½ Liter trockener Weißwein, 5–6 EL Rotweinessig

Zwiebel, Schalotten und Knoblauchzehe abziehen. Die Zwiebel mit der Nelke spicken, Schalotten und Knoblauchzehe hacken. Die Gemüse waschen und putzen. Möhre, Sellerie und Petersilienwurzel in Scheiben schneiden. Pfefferkörner, Pimentkörner, Wacholderbeeren und Lorbeerblatt zerdrücken, mit Thymian und Rosmarin in ein Nesselsäckchen füllen.

Das Olivenöl erhitzen. Die Gemüse einige Minuten andünsten. Die gespickte Zwiebel, das Kräutersäckchen sowie die Petersilie einlegen und mit dem Weißwein und Essig begießen. Zum Kochen bringen und bei mäßiger Temperatur 25 bis 30 Minuten köcheln lassen. Nach dem Abkühlen das Kräutersäckchen entfernen. Das Fleisch in eine Schüssel legen und mit der Marinade übergießen. Abgedeckt einige Stunden gekühlt stehen lassen, hin und wieder wenden.

Und nun frisch ans Werk, besorgen Sie sich hochwertiges Wildbret – am besten mit Knochen für selbst gemachte Brühe und Sauce. Mit der nötigen Ruhe und Zeit für die manchmal aufwendigeren Zubereitungen lassen sich sehr gute Ergebnisse erzielen, die dann auch ausgezeichnet schmecken.

Suppen und kleine Gerichte aus Wald und Flur

Mit dem Wild ist es wie mit vielen anderen Dingen: Am authentischsten sind sie, wenn man sie in ihrer angestammten Umgebung erlebt – und genießt. So will Wild nicht mit verfeinerten Produkten aus Küche und Garten, sondern mit dem, was die ursprüngliche Natur bietet, kombiniert werden. Dies reicht von Pilzen aller Art über Kräuter, die dem erlegten Wild selbst als Nahrung gedient haben, bis hin zu Wacholder- und Wildbeeren sowie den herbstlichen Edelkastanien (siehe auch Einleitung, Kapitel Küchenpraxis, S. 47 ff.).

Wegen ihres in aller Regel kräftigen Aromas passen Pilze gut zu Wild, bevorzugt wild wachsende, frisch geschnittene, aber auch gezüchtete und getrocknete. Besonders beliebt und schmackhaft sind junge Pfifferlinge, festfleischige Steinpilze, zartfleischige Morcheln, helle und braune Champignons, die intensiv-aromatischen Austernpilze und als erlesene Delikatesse Trüffeln. – Nun folgen keineswegs alle Pilzgerichte hier in dieser Rezeptgruppe; man kann allenfalls von einem Schwerpunkt reden, zu erkennen an den Suppen Seite 68 und den beiden Gerichten Seite 72.

Auch anhand der anderen rund 15 Rezepte dieser Gruppe lässt sich bereits die ganze Vielfalt der Wildküche ermessen: Terrinen, Blätterteigtaschen, Suppen, Salate, Saucen, kalt geräucherte Rehkeule, zu deftigem Brot genossen – es fehlt nichts, was wir unter guten Vorspeisen und kleinen Gerichten verstehen.

Ein küchentechnischer Vorteil soll noch erwähnt werden: Für Terrinen, Suppen oder auch einen Salat braucht man in der Regel nicht mehr als wenige hundert Gramm Wildbret. Die bekommt man eigentlich immer, nicht nur während der Hauptsaison der Jäger, und es steht nichts im Wege, auf diese Art erste Wildküchen-Erfahrungen zu sammeln. – Denn wir nehmen einmal an, Sie wollen, falls Sie „Frischlinge" auf diesem Gebiet sind, nicht gleich damit beginnen, ein ganzes Reh oder halbes Wildschwein komplett zu verarbeiten.

Was an Grundzutaten für kleine Wildgerichte, aber auch Suppen und Brühen benötigt wird, unterscheidet sich nur in Nuancen von den Zutaten, die üblicherweise zum Kochen benötigt werden.

Wildterrine

Für die Marinade:

2 Zwiebeln, 1–2 Knoblauchzehen

2 Möhren, 1 Stange Staudensellerie

je 2 Zweige Petersilie und Thymian

1 Zweig Rosmarin

600 g Reh- oder Hirschfleisch ohne Knochen

2 Lorbeerblätter, 5 schwarze Pfefferkörner

2 Nelken, 4 Wacholderbeeren

1 Liter Rotwein, 80–100 ml Olivenöl

125 g Pfifferlinge

3 Schalotten, 2 Frühlingszwiebeln

30 g Butter

3 EL süße Sahne

1 Scheibe Weißbrot

½ Bund Petersilie

400 g frischer Schweinespeck

500 g Kalbsleber

4 EL Cognac

1 Ei, 2 EL Mehl

¼ TL Piment

2 Msp. abgeriebene Muskatnuss

½ TL Pastetengewürz

1 TL getrockneter Thymian

¼ TL gemahlene Nelken

Salz, schwarzer Pfeffer

200 g dünne, frische Speckscheiben

1 Thymianzweig

2 Lorbeerblätter

Für die Marinade die Zwiebeln und die Knoblauchzehen abziehen. Die Zwiebeln in Scheiben schneiden und die Knoblauchzehen zerdrücken. Die Möhren putzen, den Staudensellerie waschen, beides in Scheiben schneiden.
Die Kräuter waschen und grob zerteilen. Das Fleisch in eine Schüssel oder tiefe Form geben und mit den Gemüsen, Kräutern, Lorbeerblättern, Pfefferkörnern, Nelken und Wacholderbeeren bedecken. Rotwein und Olivenöl darüber gießen und abgedeckt 15 bis 20 Stunden im Kühlschrank marinieren, dabei das Fleisch hin und wieder wenden, damit die Marinade gut einzieht.
Die Pfifferlinge putzen und klein schneiden. Die Schalotten abziehen und fein würfeln. Die Frühlingszwiebeln in dünne Ringe schneiden. Die Butter erhitzen, die Pfifferlinge mit der Hälfte der Schalotten hineingeben und einige Minuten unter Rühren dünsten. Die Sahne vorsichtig erhitzen. Das Brot entrinden und mit der heißen Sahne übergießen. Die Petersilie waschen, trockenschütteln, die Blättchen von den Stielen zupfen und hacken.

Das Fleisch aus der Marinade nehmen und abtropfen lassen. Zusammen mit dem frischen Schweinespeck, der Kalbsleber und dem eingeweichten Brot durch die feine Scheibe des Fleischwolfs drehen. Diese Masse mit Pfifferlingen, Petersilie, Schalotten, Frühlingszwiebeln, Cognac, verquirltem Ei, Mehl, Piment, Muskatnuss, Pastetengewürz, Thymian und Nelken vermischen und mit Salz und Pfeffer gut abschmecken.
Eine Terrinenform mit den dünnen Speckscheiben auslegen. Die Masse einfüllen, fest andrücken und die Speckscheiben darüber schlagen. Thymianzweig und Lorbeerblatt darauf legen und mit Alufolie und Deckel schließen. Die Terrine im vorgeheizten Backofen bei 170 °C im Wasserbad etwa 1¾ bis 2 Stunden garen. Das Wasser darf nicht kochen, sondern nur simmern.
Danach Deckel und Folie entfernen, ein Brettchen in der Größe der Terrine darauf legen und mit Gewichten, zum Beispiel Konservendosen beschweren. 20 bis 24 Stunden gut gekühlt stehen lassen. – Mit der Cumberland-Sauce oder einem Apfel-Sellerie-Salat servieren.

Cumberland-Sauce

1 unbehandelte Orange, ½ unbehandelte Zitrone

¼ Liter Rotwein

je 4 EL Johannisbeer- und Preiselbeergelee

150 ml roter Portwein, ½–1 EL Dijonsenf

3–4 EL Kalbsjus oder Geflügel- bzw. Wildgeflügelbrühe
(s. S. 50 ff.)

Pfeffer, Cayennepfeffer, 1 Msp. Ingwerpulver

Die Orange und Zitrone gut waschen und trockentupfen. Die Schale der Orange sowie der halben Zitrone in sehr feine Streifen (Julienne) schneiden. Dies geht am besten mit einem Zesteur. Den Saft der Früchte auspressen und bereitstellen. Die Fruchtstreifen in ⅛ Liter Wasser geben, kurz aufkochen, abgießen und abschrecken. Den Rotwein mit den Schalenstreifen in einen Topf geben und in etwa 10 Minuten weich kochen. Die Zitrusstreifen mit dem Schaumlöffel herausnehmen und aufbewahren. Johannisbeer- und Preiselbeergelee zu dem Rotwein geben. Mit Portwein, Senf, Kalbsjus oder Brühe sowie Pfeffer, Cayennepfeffer und Ingwerpulver verfeinern und abschmecken. Nach Belieben durch ein Sieb passieren. Die abgekühlten Orangen- und Zitronenstreifen zufügen. Gekühlt passt diese Sauce zu kaltem Wildgeflügel und Wild sowie zu Wildpasteten und -terrinen (s. auch S. 60).

Hasenterrine

Für die Terrine:
2 Hasenrücken
Salz, getrockneter Thymian
6 EL Cognac
400 g Schweinefleisch
250 g durchwachsener Speck
frisch gemahlener schwarzer Pfeffer
2 Knoblauchzehen
100 g fette Speckstreifen
4–6 Lorbeerblätter
Für die Sauce:
1 Zwiebel
6 EL Johannisbeergelee
1 EL Orangenkonfitüre
2 EL Zitronensaft
1 EL scharfer Senf

Für die Terrine die Hasenrücken häuten und die Filets vom Knochen lösen. Ein Filet in feine Streifen schneiden. Salz, Thymian und 1 Esslöffel Cognac darüber geben und zugedeckt ziehen lassen.

Das übrige Hasenfleisch mit dem Schweinefleisch und dem durchwachsenen Speck durch den Fleischwolf (feine Scheibe) drehen. Anschließend mit Salz, Pfeffer, Thymian und dem restlichen Cognac würzen. Die Knoblauchzehen abziehen, eine feuerfeste Keramikform damit ausreiben und die Speckstreifen darauf legen. Die Hälfte der Fleischmasse darüber geben, die marinierten Filetstreifen auflegen, dann die restliche Fleischmasse auffüllen und die Lorbeerblätter darauf verteilen. Die Form schließen. In die Saftpfanne des Backofens heißes Wasser gießen und die Terrine bei 175 °C 2 Stunden garen.

Die Terrine herausnehmen und auskühlen lassen.

Für die Sauce die Zwiebel abziehen, fein hacken und mit den übrigen Zutaten vermengen.

Blätterteigtaschen

500 g gemischtes Wildbret (Reh, Hirsch, Wildschwein)
1 Zwiebel, 1 Bund Suppengrün
(Lauch, Möhre, Sellerieknolle)
120 g gekochter Schinken
1 Bund glattblättrige Petersilie
500 g Blätterteig (Tiefkühlprodukt)
4 EL Öl, 60 g Butter
5 EL Cognac, 3 EL Madeira
¼ Liter Wildbrühe (s. S. 52 f.), ersatzweise Fleischbrühe
1 Lorbeerblatt, 3 Wacholderbeeren, 1 Gewürznelke
3–4 EL Tomatenmark, 3 EL Tomatenketchup
Salz, schwarzer Pfeffer
je 1 Msp. Koriander, Piment und abgeriebene Muskatnuss
je ½ TL getrockneter Thymian und Majoran
1 TL mittelscharfer Senf, etwa 2 EL Zitronensaft
½ TL abgeriebene unbehandelte Zitronenschale
2 Eier, 3–4 EL Milch

Das Wildbret durch die feine Scheibe des Fleischwolfs drehen. Die Zwiebeln abziehen und fein würfeln. Das Suppengrün waschen, putzen und klein schneiden. Den Schinken fein würfeln. Die Petersilie waschen, trockentupfen, die Blättchen von den Stielen zupfen und hacken. Den tiefgekühlten Blätterteig herausnehmen und halb auftauen lassen.

Das Öl in einem weiten Topf erhitzen und die Butter zufügen. Das Wildbret unter Rühren darin anbraten, die Zwiebel zufügen und einige Minuten weiterbraten. Mit Cognac und Madeira ablöschen.

Währenddessen die Brühe mit Suppengrün, Lorbeerblatt, Wacholderbeeren und Gewürznelke 20 Minuten köcheln lassen. Die Brühe sollte zur Hälfte eingekocht sein. Durch ein Sieb zu dem Fleisch geben, ebenso Schinken, Petersilie, Tomatenmark und -ketchup. Die Masse mit Salz, Pfeffer, Koriander, Piment, Muskatnuss, Thymian, Majoran, Senf, Zitronensaft und -schale gut würzen.

Den Blätterteig ausrollen und in Quadrate schneiden. Füllmasse auf die untere Hälfte geben und den Teig so darüber klappen, dass Dreiecke oder Rechtecke entstehen. Die Eier trennen. Die Ränder mit Eiweiß bestreichen und fest zusammendrücken.

Backbleche mit Wasser befeuchten und die Blätterteigtaschen darauf setzen. Das Eigelb mit der Milch verrühren und die Täschchen damit bestreichen. In dem auf 200 °C vorgeheizten Ofen etwa 30 Minuten backen. Warm oder kalt servieren.

TIPP: Die Füllmasse kann schon am Tag zuvor hergestellt werden und reicht für etwa 15 Taschen.

Hagebuttensuppe

Wenn im Herbst Bäume und Sträucher ihr Laub verloren haben, leuchten uns um so heller die Früchte der wilden Heckenrose entgegen – die Hagebutten. Sie sehen nicht nur gut aus, sondern sind richtige kleine Vitaminpakete. So finden sie für Marmelade Verwendung – was allerdings einiger Arbeit bedarf – und auch für Wein. Eine Hagebuttensuppe gar ist der ideale Einstieg zu einem Wildmenü.

600 g Hagebutten, 1½ Liter Wasser
Saft von 1 Zitrone
abgeriebene Schale von ½ unbehandelten Zitrone
80–100 g Zucker (nach Geschmack und Süße der Früchte)
1 Msp. Zimtpulver oder ½ Zimtstange, 1 Msp. Salz
2½ EL Stärkemehl, knapp ⅛ Liter Weißwein
50 g gemahlene Mandeln
1 Eigelb (nach Belieben)
1 EL Butter oder ⅛ Liter süße Sahne (geschlagen)

Die Hagebutten einige Stunden in warmem Wasser einweichen. Saft und Schale der Zitrone sowie Zucker, Zimt und Salz zufügen und kochen, bis die Beeren weich sind. Dann alles passieren. Mit Stärkemehl binden und mit Weißwein verfeinern. Die gemahlenen Mandeln unterziehen und nochmals abschmecken. Je nach Belieben mit dem Eigelb legieren. Zum Schluss mit der Butter verfeinern oder mit Schlagsahnetupfern verzieren.
Diese Hagebuttensuppe schmeckt heiß oder kalt und – nach Belieben – mit Makronen oder anderem Gebäck, dann allerdings als Dessert, mit Vanilleeis.

Wildsalat

Zu dieser appetitlichen Vorspeise kann man auf Reste von zubereitetem – gekochtem oder gebratenem – Wildfleisch zurückgreifen. Wie alle frischen Zutaten müssen die Pilze jedoch sofort verarbeitet werden.

250 g gekochtes oder gebratenes Wildfleisch
50 g durchwachsener, geräucherter Speck
1 Zwiebel, 2 Möhren, 1 Stange Staudensellerie
250 g Steinpilze, 2 EL Öl
1 Packung tiefgekühlte Erbsen (ca. 300 g)
½ Glas Weißwein
Für die Salatsauce:
2 EL Preiselbeerkonfitüre
2 EL Essig, 200 g Crème fraîche
Salz, Pfeffer, etwas Weinbrand, 1 TL Currypulver
Zum Garnieren:
einige Salatblätter, 1 Bund Zitronenmelisse

Das Wildfleisch und den Speck getrennt in kleine Würfel schneiden. Die Zwiebel abziehen und fein hacken. Die Karotten und den Sellerie putzen und klein schneiden. Die Steinpilze putzen und in mittelgroße Stücke oder Scheiben schneiden. Das Öl in einer Pfanne erhitzen und die Speckwürfel darin auslassen. Zwiebel, Karotten und Sellerie zum Speck geben, ebenso die Pilze und Erbsen, alles einige Minuten weiterbraten. Mit dem Wein ablöschen und erkalten lassen.
Für die Salatsauce Preiselbeerkonfitüre, Essig und Crème fraîche verrühren, mit Salz, (am besten frisch gemahlenem) Pfeffer, Weinbrand und Curry abschmecken, beiseite stellen.
Die Salatblätter waschen, trockenschütteln und eine Schüssel damit auslegen. Alle Salatzutaten auf den Blättern verteilen und mit der Sauce begießen. Die Zitronenmelisse kurz abspülen, trockenschütteln und mit den Blättern den Salat garnieren.

TIPP: Der Salat schmeckt auch mit frischen Pfifferlingen oder Champignons. Anstelle des Wildfleischs kann auch Wurst aus Wildfleisch genommen werden.

Variante: Wildgeflügelsalat
Reste von Fasan, Wildente, Wildgans oder Wildtruthahn mit gewürfelter Honigmelone auf Friséesalat anrichten. Mit einer Salatsauce aus 2 bis 3 Esslöffeln Distel- oder Walnussöl, 1 bis 2 Esslöffeln Apfelessig, Saft und etwas abgeriebener Schale von einer kleinen unbehandelten Orange sowie Salz, 1 Messerspitze Ingwerpulver und grünen Pfefferkörnern abschmecken und übergießen.

Hasentaschen in Wildbrühe

Für den Maultaschenteig:
400 g Mehl, 3 Eier, 2 Eigelb, 1 EL Wasser, Salz
Für die Füllung und zum Bestreuen:
1 Zwiebel, ½ Bund Petersilie, 20 g Speck
Butterschmalz, 100 g alte Brötchen
100 g Spinat, 100 g Hasenfleisch
2 Eier, Salz, Pfeffer, geriebene Muskatnuss
Zum Bestreichen: 1 Ei
Zum Garen: Salzwasser, 1 Liter Wildbrühe (s. S. 52)
Zum Bestreuen: Schnittlauchröllchen

Für den Teig das Mehl kranzartig auf ein Nudelbrett verteilen. Eier, Eigelb, Wasser und Salz verquirlen und in die Mitte geben. Mehl langsam von außen nach innen untermischen, einen homogenen Teig kneten, kühl stellen.

Für die Füllung die Zwiebel abziehen und fein schneiden. Die Petersilie waschen, trockenschütteln und hacken, den Speck würfeln, alles in Butterschmalz andünsten, zur Seite stellen. Brötchen in Wasser einweichen. Den Spinat verlesen, waschen, trockentupfen, kurz blanchieren. Zusammen mit den ausgedrückten Brötchen und dem Hasenfleisch durch den Fleischwolf (feine Scheibe) drehen. Mit den Eiern und Gewürzen zu einer lockeren Masse vermischen.

Den Teig dünn ausrollen, 12 Rechtecke schneiden, darauf gleich große Portionen der Fleischmasse setzen. Die Teigränder mit verquirltem Ei bestreichen. Die Teigstücke von den Ecken her nach oben umklappen und in der Mitte fest zusammendrücken, damit sie sich nicht mehr öffnen. Die Taschen in einem Topf mit reichlich kochendem Salzwasser in 5 bis 8 Minuten gar kochen. Die Wildbrühe erhitzen. Die garen Taschen in tiefen Tellern mit Brühe übergießen und mit Schnittlauchröllchen bestreuen.

Wildsuppe unter Blätterteig

Zwei Spielarten bekannter Gerichte: Die Maultaschen sind die süddeutsche Variante der italienischen Ravioli oder chinesischen Teigtaschen – hier mit Hasenfleisch gefüllt. – Und die Suppe schmeckt am besten im Herbst, dann gibt es vielleicht auch frische Steinpilze. Der Blätterteigdeckel erfordert etwas Sorgfalt, aber der Erfolg rechtfertigt die Mühe allemal.

10 g getrocknete Steinpilze
350 g Wildbret ohne Knochen
(Reh, Hirsch oder Wildschwein)
125 g durchwachsener, geräucherter Bauchspeck
1 kleine Stange Lauch (Porree)
1 Karotte, 1 Petersilienwurzel mit Grün
1 Stück Sellerieknolle (40–50 g), 1 EL Tomatenmark
¼ Liter trockener Rotwein, ¾ Liter Wildbrühe (s. S. 52)
1 Lorbeerblatt, 2 Thymianzweige, 3 Wacholderbeeren
im Mullbeutel
Salz, Pfeffer, 1 Msp. Piment
1 EL Mehl, 1 EL Butter
Madeira nach Geschmack
4 Blätterteigscheiben (Tiefkühlprodukt), 1 Ei

Die Pilze mit Wasser abspülen und in ¼ Liter warmem Wasser einweichen, ½ bis 1 Stunde stehen lassen.

Wildbret und Speck würfeln. Das Gemüse waschen, putzen und klein schneiden.

Den Speck in einem Topf ausbraten und anschließend herausnehmen. In dem Fett dann das Wildbret anbraten. Das Gemüse, Tomatenmark und die klein geschnittenen Pilze samt Einweichwasser dazugeben und mit Wein und Wildbrühe ablöschen. Lorbeerblatt, Thymianzweige und Wacholderbeeren hinzufügen. Mit Salz, Pfeffer und Piment würzen. Das Ganze zugedeckt etwa 50 Minuten köcheln lassen. Anschließend das Beutelchen mit Lorbeerblatt, Thymian und Wacholder entfernen.

Das Mehl mit der Butter verkneten, einrühren und die Suppe noch einmal aufkochen. Erneut mit Salz, Pfeffer, Piment und Madeira abschmecken.

Die Suppe auf 4 feuerfeste Tassen verteilen. Den Blätterteig 3 mm dünn ausrollen und 4 Kreise ausstechen, sie sollten etwas größer als der Tassendurchmesser sein. Das Ei trennen. Den Rand der Suppentassen mit Eiweiß bestreichen, den Blätterteig darauf legen und etwas andrücken. Mit Teigresten auf dem Teigdeckel ein dekoratives Muster gestalten. Den Teig 15 Minuten ruhen lassen. Dann mit Eigelb bestreichen und die Suppentassen für 15 bis 20 Minuten in den auf 200 bis 210 °C vorgeheizten Backofen stellen.

Fasanen-Essenz mit Klößchen

1 küchenfertiger Fasan
Für die Klößchen:
Fleisch der Fasanenbrüstchen, 25 g Kalbfleisch
10 g Schweinefleisch, 2 Eiswürfel
⅛ Liter süße Sahne, Salz, 1 cl Wacholderbeerschnaps
Für die Essenz:
1 Zwiebel, 2 Möhren, 1 Stück Sellerieknolle (etwa 80 g)
Butter und Öl
¼ Liter trockener Weißwein
5 Wacholderbeeren, 3 schwarze Pfefferkörner
½ Lorbeerblatt, 2 Eiweiß, 1 Prise Salz

Die Fasanenbrüstchen auslösen und enthäuten. Brustfleisch und das Kalb- und Schweinefleisch für die Klößchen durch den Fleischwolf (feine Scheibe) drehen. Fleischmasse mit den anderen Klößchenzutaten im Mixer kurz vermischen und durch ein Haarsieb streichen. Mit einem Teelöffel Klößchen formen und in siedendem Wasser 5 Minuten garen. Herausnehmen und beiseite stellen. Die Zwiebel abziehen und klein schneiden. Die Möhre und den Sellerie waschen, putzen, würfeln und ebenfalls beiseite stellen.

Den Backofen auf 200 bis 220 °C vorheizen. Den übrigen Fasan in etwa walnussgroße Stücke teilen. Öl und Butter im Bräter erhitzen und das in Stücke geschnittene Fasanenfleisch 8 bis 10 Minuten im Backofen bräunen. Nach etwa 5 Minuten das gewürfelte Gemüse zufügen und ebenfalls bräunen. Mit Weißwein ablöschen und mit ½ Liter Wasser auffüllen. Die Gewürze zerdrückt oder gestoßen hinzufügen. Alles 30 bis 40 Minuten auf dem Herd köcheln lassen. Dann durch ein Haarsieb passieren und die Brühe abkühlen lassen. Von der Brühe das Fett abschöpfen.

Das Eiweiß verquirlen und mit der Brühe übergießen, erhitzen, aber nicht mehr kochen, damit die Brühe ganz klar wird. Durch ein Haarsieb passieren. Anschließend die Brühe langsam einkochen, bis etwa ½ Liter Essenz übrig bleibt. Mit Salz abschmecken und über die angerichteten, kurz noch einmal erhitzten Klößchen geben.

Fasanensuppe mit Tropfteig

1 Fasan
2½–3½ Liter Fleischbrühe nach Bedarf
2 kleine Zwiebeln
½ Sellerieknolle, 2 Möhren
einige Rosmarinblätter, Salz, Pfeffer
Für den Tropfteig:
3 Eier, etwa 80 g Mehl, Salz
Zum Garnieren:
Petersilie

Den ausgenommenen, küchenfertigen Fasan in einem großen Topf mit Fleischbrühe bedecken. Die Zwiebeln abziehen und halbieren, den Sellerie putzen, schälen und in Scheiben schneiden, die Möhren putzen. Das Gemüse zusammen mit Rosmarin, Salz und Pfeffer in den Topf mit Fasan und Fleischbrühe geben, alles bei mittlerer Hitze zugedeckt etwa 45 Minuten kochen, bis sich das Fleisch gut von den Knochen lösen lässt. Fasan herausnehmen, zerteilen, das Fleisch von den Knochen lösen, in kleine Stücke schneiden und wieder in die Brühe geben. Aus Eiern, (je nach Größe der Eier) etwa 80 g Mehl und Salz einen glatten Tropfteig zubereiten. Wasser zum Kochen bringen, den Tropfteig durch ein Sieb in das kochende Wasser eintropfen und etwa 3 Minuten köcheln lassen. Die Suppe mit den Fasanenfleischstücken in einer Terrine anrichten, die Eiertropfen aus dem Kochwasser schöpfen und in die Suppe geben. Mit gehackter Petersilie bestreuen.

Kartoffel-Pilz-Suppe

1 Zwiebel
1 Stück Sellerieknolle
1 Karotte, 1 Stange Lauch (Porree)
500 g Kartoffeln
500 g frische gemischte Pilze
(mit Pfifferlingen und Steinpilzen)
1 Knoblauchzehe
30 g Butter oder Butterschmalz
Salz, weißer Pfeffer
etwa 1½ Liter Wildbrühe (siehe Grundrezept S. 52)
oder ersatzweise Fertigprodukt Fleischbrühe
gemischte frische Kräuter
2 EL saure Sahne

Für die Kartoffel-Pilz-Suppe (im Bild unten) zunächst die Zwiebel abziehen und fein hacken. Die Gemüse waschen, putzen, schälen und klein schneiden. Die Kartoffeln waschen, schälen und würfeln. Die Pilze putzen, Stiele hacken, Pilzköpfe in Scheiben schneiden. Den Knoblauch abziehen und sehr fein schneiden oder durchpressen. Butter oder Butterschmalz erhitzen und die Zwiebel etwa 3 Minuten darin andünsten. Gemüse, Kartoffeln, Knoblauch und die Pilzstiele dazugeben und weitere 3 Minuten dünsten.

Das Ganze mit Salz und Pfeffer würzen, die Pilzkopfscheiben hinzufügen. Mit der Brühe ablöschen. Die Suppe etwa 20 Minuten kochen lassen.

Die Kräuter kurz abspülen, trockenschütteln und fein schneiden. Zum Schluss die Suppe mit der Sahne verfeinern und mit den Kräutern bestreuen.

Pilzsuppe aus der Toskana

1 Zwiebel, 1 Knoblauchzehe
2 Stangen Staudensellerie
1 Frühlingszwiebel
1 Stück Sellerieknolle (40–50 g)
2 Tomaten
4 EL Olivenöl extra vergine
1 Liter Wildgeflügelbrühe (siehe Grundrezept S. 50/51)
1–2 Thymianzweige
Salz, schwarzer Pfeffer
100 g Wildsalami
etwa 300 g frische Steinpilze
2 Bund Schnittlauch
4 Scheiben Weißbrot

Die Zwiebel und den Knoblauch abziehen, die Zwiebel hacken, den Knoblauch zerdrücken. Staudensellerie und Frühlingszwiebel waschen und putzen. Staudensellerie und Frühlingszwiebel in feine Scheiben, Sellerieknolle schälen und in kleine Würfel schneiden. Die Tomaten überbrühen, häuten, entkernen und hacken.

Das Olivenöl erhitzen. Zwiebel und Sellerie (beide Sorten) darin andünsten, Knoblauch und Tomaten hinzufügen und mit der Brühe ablöschen. Thymianzweige dazugeben, mit Salz und Pfeffer würzen, 15 Minuten köcheln lassen.

Die Wildsalami würfeln. Die Pilze putzen, in Scheiben schneiden und mit der Frühlingszwiebel und der Wildsalami zugeben, alles nochmals 10 Minuten köcheln lassen. Den Schnittlauch waschen, trockenschütteln und in Röllchen schneiden.

Das Weißbrot rösten, auf Teller verteilen und die Suppe darüber gießen. Mit Schnittlauch bestreut servieren.

Mus vom Jungfasan

1 Jungfasan, 2 EL Öl
2 EL trockener Sherry, 1 EL Cognac
10 g Butter, 10 g Mehl
etwa ¼ Liter Wildgeflügel- oder Geflügelbrühe (S. 50/51)
2 Blatt Gelatine, 5 EL Portwein
knapp ⅛ Liter süße Sahne

Den ausgenommenen, küchenfertigen Fasan enthäuten, das Brustfleisch von den Knochen lösen, von den Sehnen befreien und im erhitzten Öl in einer Pfanne 3 Minuten anbraten. Zweimal durch den Fleischwolf (feinste Scheibe) drehen. Die Fleischmasse mit Sherry und Cognac durcharbeiten, durch ein Haarsieb in eine Schüssel streichen, auf Eis glatt rühren und zur Seite stellen.

Die Butter in einem Topf zerlassen, das Mehl darüber sieben, hell anschwitzen und mit der Brühe aufgießen. Unter Rühren aufkochen und etwa 15 Minuten bei milder Hitze durchziehen lassen, durch ein Tuch seihen und zur Seite stellen.

Die Gelatine in kaltem Wasser einweichen. Knapp ¼ Liter Wasser aufkochen, den Portwein zugeben und abkühlen lassen. Die ausgedrückte Gelatine einrühren.

Die kalte weiße Sauce mit 2 Tassen Portwein-Aspik und 2 Esslöffeln süßer Sahne vermengen und leicht köchelnd auf die Hälfte reduzieren. Fleischpüree und Sauce vermischen, restliche Sahne unterrühren.

Das Mus in eine Form füllen, glatt streichen und mit dem restlichen Aspik übergießen. 6 Stunden kühl stellen.

Das Mus mit heißem Esslöffel auf kühlen Tellern anrichten. Dazu passen heiße Sauerkirschen.

Wachtelbrüstchen mit Apfel-Pflaumen-Sauce

1½ EL Öl, 1 EL Butter
8 Wachtelbrüstchen zu je etwa 40 g
Salz, frisch gemahlener Pfeffer, ½ Zitrone
1 großer und 1 kleiner Apfel
1 Stück frische Ingwerwurzel von etwa 1 cm Länge
2 TL Zucker
3 EL Pflaumensauce (chinesische Sauce)
1 Msp. Nelkenpulver
1–2 EL Reiswein oder trockener Sherry
½ Romana-Salat

Das Öl erhitzen und die Butter hinzufügen. Die Wachtelbrüstchen beidseitig je etwa 1 bis 2 Minuten braten, salzen, pfeffern und erkalten lassen.

Die Zitrone auspressen. Den großen Apfel schälen, entkernen, würfeln und mit 2 Teelöffel Zitronensaft beträufeln. Den Ingwer schälen und klein hacken. Die Apfelwürfel mit dem Zucker und ⅛ Liter Wasser in einen Topf geben. Bei niedriger Temperatur kochen lassen, bis sie weich sind, dann pürieren und mit der Pflaumensauce vermischen. Mit Ingwer, Nelkenpulver, Reiswein oder Sherry abschmecken.

Die Blätter des Romana-Salats waschen und trockentupfen, möglichst nur die zarten Blätter verwenden. Die Wachtelbrüstchen aufschneiden und auf Salatblättern anrichten. Den kleinen Apfel schälen, entkernen, in dünne Scheiben schneiden und dazulegen. Mit der Apfel-Pflaumen-Sauce vervollständigen und sofort servieren.

TIPP: Statt Wachtelbrüstchen können auch Entenbrustscheiben genommen werden.

Gefüllte Steinpilze

8 gleichmäßige Steinpilze (oder Champignons)
2–3 EL Olivenöl, Salz, frisch gemahlener Pfeffer
50 g frischer, grüner Speck
150 g Wildfleisch (Reste), 1 Knoblauchzehe
je 1 Bund Schnittlauch und Petersilie
30 g geriebenes Weißbrot, 20 g geriebener Parmesan, 1 Ei

Die Pilze säubern, Stiele abtrennen und fein hacken. Das Olivenöl erhitzen, die Pilzhüte darin rasch anbraten, mit Salz und Pfeffer würzen und beiseite stellen.

Den Speck würfeln, das Wildfleisch durch den Fleischwolf drehen (Scheibe für Hackfleisch), den Knoblauch abziehen und zerdrücken. Die gewürfelten Pilzstiele mit Speckwürfeln, Wildhack und Knoblauch anbraten. Die Kräuter waschen, trockenschütteln und zerkleinern. Zu der Pilz-Wildhack-Mischung geben, alles noch etwa 15 Minuten dünsten, abschmecken. Weißbrot, Parmesan und Ei beifügen, gut mischen. Mit dieser Masse die Pilzhüte füllen, auf eine geölte Gratinplatte legen und im Ofen bei 180–200 °C etwa 30 Minuten backen.

Pilz-Omelett

Für die Füllung:
3 g getrocknete Steinpilze, 5 EL Rotwein
160 g Champignons, 100 g Steinpilze
100 g gekochtes oder gebratenes Wildfleisch
1 große Zwiebel, 1 Knoblauchzehe, 2 Tomaten
3 EL Sonnenblumenöl, Salz, schwarzer Pfeffer
Für die Omeletts: 8 Eier, Salz, 60 g Butter

Für die Füllung die getrockneten Steinpilze in dem Rotwein einweichen und 1 Stunde stehen lassen (oder bei 360 Watt abgedeckt 2 Minuten in die Mikrowelle geben). Die Champignons und die Steinpilze putzen und wie das Wildfleisch klein schneiden. Zwiebel und Knoblauch abziehen, Zwiebel fein würfeln, Knoblauch zerdrücken. Die Tomaten überbrühen, häuten und hacken. Das Öl erhitzen, Zwiebel und Pilze einige Minuten darin andünsten. Knoblauch und Tomaten zufügen, dann die in Rotwein eingelegten Steinpilze. Mit Salz und Pfeffer abschmecken. 10 bis 12 Minuten unter Rühren schmoren lassen. Das Wildfleisch zufügen. Für die Omeletts die Eier mit Salz verquirlen. Eine Pfanne erhitzen, die Butter schmelzen lassen. ¼ der Eimasse hineingleiten und stocken lassen. Omelett mit einer Gabel am Rand anheben. Auf vorgewärmte Teller geben und warm halten. Die restlichen Omeletts backen, füllen und servieren.

Geräucherte Rehkeule

1 gehäufter EL Zucker
8 g Salpeter, 250 g Salz
5 Pimentkörner
1 vorbereitete Rehkeule von etwa 2 kg
5 Wacholderbeeren
5 weiße Pfefferkörner
1 Zweig Thymian, 1 frischer Tannenzweig

Für die Pökellake den Zucker, den Salpeter, das Salz und die Pimentkörner in einem Topf mit 2½ Liter Wasser aufkochen und abkühlen lassen. Die Rehkeule hineinlegen und darin etwa 4 bis 6 Tage liegen lassen. Dann herausnehmen, trockentupfen und unter Zugabe von Wacholderbeeren, Pfefferkörnern, Thymian- und Tannenzweig in kalten Rauch hängen – das macht Ihnen eventuell Ihr Fleischer. Wacholderbeeren, Pfefferkörner und Thymianzweig können aber auch bereits in die Pökellake gegeben werden. Nach dem Rauchen muss die Rehkeule eine Woche in Zugluft hängen.

Zum Essen wird sie in dünne Scheiben geschnitten. Als Beilage schmecken zur Rehkeule verschiedene Gemüse – wie Erbsen, Möhren, Brokkoli und Blumenkohl – oder Stangenspargel mit holländischer Sauce und Petersilienkartoffeln.

Genauso gut passt zu dieser Mecklenburger Spezialität aber jegliche Sorte kerniges Brot, beispielsweise das Bördeländer Bauernbrot oder die folgende Sauce.

Brotsauce

2 Scheiben Weißbrot
knapp ½ Liter Wildbrühe (s. S. 52)
2 Tomaten, 1 Bund Salbei
1 Knoblauchzehe, Salz, schwarzer Pfeffer

Das Brot entrinden, zerkrümeln und mit der heißen Wildbrühe übergießen. Die Tomaten überbrühen, häuten und entkernen. Den Salbei waschen, trockentupfen, die Blättchen von den Stielen zupfen und grob hacken. Den Knoblauch abziehen. Alle Zutaten im Mixer pürieren. Mit Salz und Pfeffer abschmecken und zu kaltem Wildfleisch servieren.

Bördeländer Bauernbrot

Für den Sauerteig:
⅜ Liter Buttermilch, 375 g Roggenvollkornmehl
Für den Brotteig:
1,5 kg Weizenvollkornmehl, Sauerteig (s. oben)
1 Liter Buttermilch
2 EL Salz, 3 TL gemahlener Koriander
400 g geschälte Sonnenblumenkerne
4 EL Weizenstärke, ¼ Liter Wasser

Für den Sauerteig 4 Esslöffel Buttermilch mit 1 Esslöffel Roggenmehl verquirlen. Das Gefäß gut abdecken und 36 Stunden warm stellen. Danach den Ansatz mit ⅛ Liter Buttermilch und 150 g Roggenmehl vermengen und bei Zimmertemperatur über Nacht ruhen lassen. Am nächsten Tag in den Teig restliches Mehl und restliche Buttermilch einarbeiten. An einem warmen Platz 6 bis 8 Stunden ruhen lassen.

Für den Brotteig: Das Weizenvollkornmehl auf ein Backbrett geben. In die Mitte eine Vertiefung drücken. Sauerteig, Buttermilch, Salz und Koriander hineingeben und alles gut miteinander verkneten. Die Hälfte der Sonnenblumenkerne hacken und unter den Teig mischen. Den Teig nochmals kräftig mehrere Minuten durcharbeiten und an einem warmen Platz 1 Stunde ruhen lassen. Durchkneten und weitere 30 Minuten ruhen lassen. Jetzt 3 Brote formen und weitere 30 Minuten ruhen lassen. Die Weizenstärke mit kaltem Wasser glatt rühren, kurz aufkochen und etwas auskühlen lassen. Den Backofen auf 220 °C vorheizen. Die Stärkemasse auf den Broten verteilen und die restlichen Sonenblumenkerne darauf geben. Im vorgeheizten Backofen 25 Minuten backen, eine Schale Wasser mit in den Ofen setzen. Danach die Hitze auf 200 °C reduzieren und noch weitere 35 Minuten backen.

Kurz gebraten – wenn's eilt

Wild kurz gebraten – die großen Vorteile von Wildbret kommen hier ganz besonders zur Geltung: Es ist meist mager, fettarm und muskulös; das macht es leicht verdaulich. Und es entfaltet ein unvergleichliches Aroma.

In einer vorher erhitzten Pfanne kann man auf dem Herd Teilstücke braten. Dabei wird die Oberfläche des Wildbrets – wie bei anderem Fleisch zum Kurzbraten auch – knusprig, aber das Innere bleibt saftig. Das gelingt mit Öl oder Fett, beispielsweise Butterschmalz, und wird ganz besonders schmackhaft, wenn dem zuerst erhitzten Öl etwas Butter zugefügt wird. Die Teilstücke werden gesalzen und gepfeffert, dann kurz angebraten. Danach wenden und fertig braten, dabei öfters mit Bratfett übergießen.

Zum Kurzbraten eignen sich ausgelöste Rückenfilets im Ganzen oder in Medaillons geteilt. Genauso gut gelingen Koteletts, Steaks und Schnitzel, meist aus der Keule geschnitten, oder noch kleiner Zerlegtes wie das Osterwiecker Rehgeschnetzelte auf Seite 80.

Wer diese Garmethode bei Geflügel anwendet – in der Rezeptgruppe „kleine Gerichte" finden sich als Beispiel auf S. 70 die Wachtelbrüstchen – achte bitte auf zweierlei: Die Fleischteile sind meist kleiner, oft noch zarter als bei Haarwild, benötigen daher nur sehr kurze Zeit, um gar zu werden. Und immer zuerst die Hautseite braten, egal ob es sich um Brüstchen oder Keulen von Geflügel handelt.

Die chinesische Küche macht es uns vor: das Pfannenrühren. In den stark erhitzten Wok oder eine (guss-)eiserne Pfanne mit hohem Rand wenig Öl geben und durch Schwenken verteilen. Nacheinander das in mundgerechte Stücke geschnittene Fleisch sowie die restlichen Zutaten hineingeben und braten. Es wird ständig gerührt und die Poren aller Zutaten schließen sich sehr schnell. Aroma, Farbe und Saft bleiben erhalten. Hitzebeständige Öle sind Erdnussöl, Sonnenblumenöl, Sojaöl, Maiskeimöl und Traubenkernöl. – Vielleicht bereiten Sie schon bald einmal Wildbret auf diese Art zu?!

Den Text zu dem Rezept links – Rehnüsschen mit Brokkoli – finden Sie auf der nächsten Seite.

Rehnüsschen mit Brokkoli

(großes Foto S. 76/77)

500–600 g ausgebeinter Rehrücken
3–4 Äpfel, 2 kleine Schalotten
600 g Brokkoli, Salz
40 g Butter
Pfeffer, etwas geriebene Muskatnuss
2 EL Öl
30 g Butterschmalz
6 EL süße Sahne
80 g Preiselbeeren

Vom Rehrückenfleisch 8 Stücke zu je etwa 70 g schneiden und leicht klopfen. Die Äpfel schälen, Kerngehäuse ausstechen und in Scheiben schneiden. Die Schalotten abziehen und fein hacken. Den Brokkoli waschen, das untere Strunkende entfernen, in Salzwasser gar kochen und in Eiswasser abschrecken, damit er seine schöne grüne Farbe behält.

Eine Kasserolle mit Butter ausfetten, den Brokkoli einlegen, etwas Kochwasser angießen, mit Salz, Pfeffer und Muskatnuss würzen, zudecken und heiß andämpfen.

Das Öl in einer Pfanne erhitzen. Die Rehnüsschen ganz zart rosa anbraten, die Apfelscheiben mitbraten, bis sie goldgelb sind. Rehnüsschen und Apfelscheiben aus der Pfanne nehmen und warm stellen, das Öl abgießen.

Butterschmalz in der Pfanne zerlaufen lassen, die Schalotten darin glasig dünsten, mit der Sahne ablöschen und leicht einkochen lassen.

Die Rehnüsschen auf 4 genügend großen Tellern anrichten und mit der Schalottensauce übergießen. Die Apfelscheiben auflegen und in der Mitte mit Preiselbeeren garnieren. Den Brokkoli dazu legen.

TIPP: Wenn Sie frischen Brokkoli kaufen, sollte er möglichst eine gleichmäßig dunkelgrüne Farbe aufweisen – Schattierungen von graugrün bis grünviolett inbegriffen.

Rehschnitte mit Orangen

800 g ausgelöster Rehrücken
Salz, schwarzer Pfeffer, 2 EL Mehl
100 g Butterschmalz
Für die Sauce:
2 Schalotten
Schale von 1 unbehandelten Orange
60 g Butter
2 Pfefferkörner, 4 Wacholderbeeren
⅛ Liter Rotwein, 4 EL süße Sahne
Für die Garnitur:
4 unbehandelte Orangen
4 EL Weinbrand, 40 g Butter
2 EL geriebene Nüsse oder Mandeln
4 EL Mandelblättchen

Aus dem ausgelösten Rückenfilet Scheiben oder Medaillons von etwa 2 bis 3 cm schneiden, mit Salz und Pfeffer einreiben, in Mehl wenden und abklopfen. In einer Pfanne Butterschmalz erhitzen und die Fleischscheiben auf beiden Seiten 5 bis 6 Minuten braten. Das Innere soll zart rosa bleiben. Die Fleischscheiben herausnehmen und warm stellen.

Für die Sauce den Fond aus der Fleischpfanne mit ⅛ Liter heißem Wasser loskochen und beiseite stellen. Die Schalotten abziehen, in feine Ringe schneiden. Die Orangen gut waschen, abtrocknen, die Schale in dünne Streifchen schneiden und in 30 g Butter andünsten. Den Rest der Butter im Gefrierschrank oder -fach kühlen.

Die Pfefferkörner – nach Geschmack weiß oder schwarz – und die Wacholderbeeren zerdrücken, zur Schalotten-Orangen-Mischung geben und mit der Hälfte des Rotweins ablöschen. Etwas einkochen lassen und den restlichen Rotwein angießen und wieder einkochen.

Den beiseite gestellten Rehfond zufügen und alles um die Hälfte einkochen. Die Sauce passieren und mit Salz und Pfeffer abschmecken. Die Sahne zugeben und die eisgekühlte Butter einschlagen.

Für die Garnitur: Von den geschälten Orangen die bittere, weiße Haut entfernen, dann die Fruchtfilets aus den Trennhäuten schneiden. Den Weinbrand über die Filets gießen. In einer Pfanne die Butter zerlassen, das Fruchtfleisch kurz darin schwenken und die geriebenen Nüsse darüber streuen. Mandelblättchen kurz ohne Fett in Pfanne oder Topf anrösten. Die Fleischscheiben auf vorgewärmte Teller legen, die Orangen darauf anrichten und mit den gerösteten Mandelblättchen garnieren. Etwas Sauce angießen. Fleurons oder auch Toast dazureichen.

Rentiersteak

Wer kennt sie nicht, die Bilder von unermesslichen Renherden, die in klirrender Kälte mit dampfendem Atem in der „weißen Wüste" unterwegs sind? Längst sind diese zu den Trughirschen zählenden Rentiere von den nordischen Nomaden gezähmt worden, sie wandern aber trotzdem über große Entfernungen im Norden von Europa und Asien. Im Unterschied zu den anderen Hirschen bilden bei den Rentieren beide Geschlechter oft schaufelförmige, häufig auch unregelmäßig verzweigte Geweihe aus.

4 Rentiersteaks
Salz, weißer Pfeffer, 1 EL Mehl
2 EL Öl, 1 EL Butter
1 Glas (etwa 100 ml) Rotwein
100 ml Wildbrühe (s. S. 52)
1 TL Zitronensaft, 100 ml süße Sahne

Die Steaks salzen, pfeffern und sehr wenig mehlen. Das Öl in einer Pfanne erhitzen, die Butter zufügen und die Steaks auf beiden Seiten braten. Herausnehmen und warm stellen. Den Bratensatz mit Rotwein ablöschen. Die Brühe zufügen und etwas einkochen lassen. Mit Zitronensaft und Sahne verfeinern und abschmecken.
Dazu passen Morcheln, Multbeeren – Verwandte der Brombeeren mit preiselbeerähnlichem Geschmack – und Schlosskartoffeln: Das sind halbmondförmig, mit stumpfen Enden geschnittene Kartoffeln. Sie werden zunächst auf dem Herd angebraten, dann im Ofen fertig gegart und schließlich mit Petersilie bestreut.

TIPP: Da Rentierfleisch in unseren Breiten nicht immer zu bekommen ist, kann man für das Gericht genauso gut Reh verwenden.

Osterwiecker Rehgeschnetzeltes

500 g Rehfleisch, am besten aus der Keule
200 g frische Waldpilze
(Steinpilze, Maronen, Rotkappen, Pfifferlinge)
Salz, schwarzer Pfeffer
2 EL Butterschmalz
2 Zwiebeln
4 EL Weißwein
6 EL süße Sahne
1 TL frisch gehackter Majoran

Das Fleisch in feine Scheiben schneiden. Die Pilze putzen und klein schneiden. Den Backofen auf 50 °C vorheizen. Das Fleisch mit Salz und Pfeffer einreiben, in 1 Esslöffel erhitztem Butterschmalz auf beiden Seiten etwa 5 Minuten braten und im vorgeheizten Backofen bei kleiner Hitze warm halten. Den Fleischfond abgießen und weiter verwenden.
Die Zwiebeln abziehen, fein hacken und mit dem restlichen Butterschmalz im Fleischfond andünsten. Pilze, Salz und Pfeffer zufügen und unter Rühren einige Minuten dünsten. Die Pilze herausnehmen und zum Fleisch legen. Mit dem Weißwein den Bratensatz loskochen, abgetropften Fleisch- und Pilzsaft dazugeben und etwas einkochen lassen. Sahne und Majoran unterrühren und zusammen mit dem Fleisch und den Pilzen servieren.

Wildschweinkoteletts mit Pilzen

3 Schalotten
400 g frische Pilze nach Wahl
je 2 Zweige Majoran, Rosmarin, Thymian und Kerbel
4 Wildschweinkoteletts je etwa 150 g
20 g Schweineschmalz
50 g Butter
Salz, schwarzer Pfeffer
100 g Crème fraîche, ¼ Liter süße Sahne
4 EL Maronenpüree

Die Schalotten abziehen und hacken. Die Pilze putzen, waschen und klein schneiden. Die Kräuter waschen, trockentupfen, die Blättchen von den Stielen zupfen und hacken.

Das Schmalz in einer Pfanne erhitzen, die Wildschweinkoteletts darin von beiden Seiten anbraten. Das Fett abgießen, 20 g Butter sowie Majoran, Rosmarin und Thymian dazugeben. Bei geringer Hitze weitere 2 bis 3 Minuten pro Seite braten. Die Koteletts herausnehmen, mit Salz und Pfeffer würzen und warm stellen. Den Bratensatz beiseite stellen.

Die restliche Butter in einer weiteren Pfanne erhitzen und die Schalotten darin glasig dünsten. Die Pilze dazugeben. Mit Salz und Pfeffer würzen und unter mehrfachem Wenden garen. Crème fraîche und süße Sahne unterrühren, kurz aufkochen und den Kerbel zufügen. Den Bratensatz der Koteletts dazugeben, verrühren und die Sauce nochmals abschmecken. Das Maronenpüree vorsichtig erwärmen.

Die Pilze auf vorgewärmten Tellern anrichten. Die Koteletts auf das erwärmte Maronenpüree setzen.

Gut passen dazu beispielsweise Mandelkrusteln (siehe rechts) und Preiselbeerkompott, aber auch andere Beilagen auf Kartoffelbasis.

TIPP: Als Variation die Koteletts nur kurz anbraten und dann mit den Pilzen und den Gewürzen in der Sahnesauce gar ziehen lassen.

Wildschweine werden jedes Jahr in großer Zahl zur Strecke gebracht, sie sind kulinarisch sehr vielseitig. – Ähnlich umfangreich sind die Varianten, mit denen sich Kartoffelbrei zu Beilagen verarbeiten lässt, die alle gut zu kurz gebratenem Wild passen.

Grundrezept für die Kartoffelmasse
1 kg gekochte, heiß passierte Kartoffeln
25–30 g Butter, 3 Eigelb
Salz, abgeriebene Muskatnuss

Alle Zutaten werden zu einer Masse verrührt.

Macaire-Kartoffeln

Die Kartoffelmasse – ohne Eigelb – auf bemehlter Arbeitsfläche zu Rollen von 4 bis 5 cm Durchmesser formen. Davon etwa 1,5 cm dicke Scheiben abschneiden. Fett in eine Pfanne geben und die Scheiben beidseitig goldgelb braten. Nach Belieben können auch Schnittlauch, Petersilie und gebratene Zwiebelwürfelchen zugefügt werden. Nach Belieben als Resteverwertung Wildbret oder gekochten Schinken unter die Masse arbeiten. Mit einem frischen Salat kann dies ein eigenständiger kleiner Imbiss sein.

Herzoginkartoffeln

Die Kartoffelmasse (mit Eigelb, siehe oben) auf ein gefettetes Blech spritzen, mit Eigelb bestreichen und im Ofen goldgelb backen.

Kartoffelkroketten

Die Kartoffelmasse zu kleinen Walzen von etwa 4 cm Länge formen und zuerst in Mehl, dann in Ei und Paniermehl wenden. Schwimmend im Fett bei 160 bis 170 °C etwa 1½ bis 2 Minuten backen.

Mandelkrusteln

Unter die Kartoffelmasse gehackte Mandeln rühren und daraus Kugeln in etwa Walnussgröße formen. Zuerst in Mehl und Ei, dann in gehobelten Mandeln wälzen. Schwimmend in Fett bei etwa 160 bis 170 °C kurz ausbacken.

Bernykartoffeln

Unter die Kartoffelmasse gehobelte Trüffel mischen, panieren und schwimmend in heißem Fett kurz ausbacken.

TIPP: Zu dem Grundrezept Kartoffelmasse kann anstelle des Eigelbs heiße Milch oder auch ein Teil Sahne gerührt werden. Das ergibt Kartoffelpüree. Die Kartoffelmasse kann auch mit gekochten und passierten Petersilienwurzeln oder Sellerieknollen abgewandelt werden.

Wildschwein in Schoko-Pflaumen-Sauce

100 g Dörrpflaumen
75 g Sultaninen
600 g Wildschwein-Koteletts, -Rücken oder -Keule
75 g durchwachsener Speck
3 EL natives Olivenöl extra
Salz
50 g bittere Blockschokolade
2 EL brauner Zucker
⅛ Liter Rotweinessig
3 Lorbeerblätter
1 Msp. gemahlener Zimt

Dörrpflaumen und Sultaninen in handwarmem Wasser einweichen. Die Pflaumen entsteinen. Die Koteletts entbeinen und trennen oder andere Fleischstücke in gleich starke Scheiben schneiden. Den Speck fein schneiden. Im Schmortopf den Speck in Olivenöl glasig dünsten, die Koteletts oder Fleischscheiben beidseitig anbraten, dann salzen und weitere 10 Minuten auf kleiner Flamme braten, bis sie gar sind.

Sultaninen und Pflaumen abtropfen lassen. Die Schokolade raspeln. Zucker, Essig und Lorbeerblätter in einem Töpfchen erhitzen, bis sich der Zucker vollständig aufgelöst hat. Das Wildschweinfleisch mit der Essigmischung ablöschen, Trockenfrüchte, Schokolade und Zimt dazugeben und gut durchrühren. Nur bis kurz vor den Siedepunkt erhitzen, aber nicht mehr, sonst gerinnt die Schokoladen-Sauce. Das Fleisch mit der süßsauren Sauce gut bedecken und noch ¼ Stunde warm halten, damit die Aromen gut einziehen können.

Dazu passt jegliche Art von kerniger Pasta, am besten – entsprechend der sardinischen Herkunft des Gerichts – Malloreddus, sardinische Pasta mit herzhaftem Biss und kräftigem Hartweizenaroma. Oder man kombiniert mediterrane Köstlichkeiten über Ländergrenzen hinweg und greift zu Kartoffeln, für die hier zwei weitere ausgezeichnete Spielarten vorgestellt werden, die sich auch während der Zubereitung für das Wildschwein bequem nebenher im Ofen garen lassen.

Ofenkartoffeln

Je nachdem welches Wildgericht begleitet werden soll, lässt sich das prägende Gewürz variieren.

2 kg Kartoffeln
3 Knoblauchzehen
Salz, ½ TL Oregano
1–2 Msp. Rosenpaprika
2 Zitronen
1 Tasse (120–180 ml) Olivenöl

Die Kartoffeln waschen, schälen, in Achtel schneiden und auf ein Backblech setzen. Den Knoblauch abziehen, in kleine Stückchen schneiden und über die Kartoffeln streuen. Salz, Oregano und Paprikapulver ebenfalls darüber geben. Die Zitronen auspressen und die Kartoffelstücke mit Öl und Zitronensaft beträufeln. Das Blech bei höchster Temperatur für eine halbe Stunde in den Ofen schieben, dann die Hitze reduzieren und die Kartoffeln in einer weiteren halben Stunde braun werden lassen.

Variante:

Statt Oregano wie in diesem griechischen Rezept passt auch die gleiche Menge Rosmarin in Form gehackter Nadeln – dies ist die botanisch nicht ganz einwandfreie küchentechnische Bezeichnung für die lederartigen, getrockneten Blättchen – hierzu. Auch einige Lorbeerblättchen können den Geschmack abrunden.

Klassisch: Schmoren und Dünsten im Topf

Schmoren ist eine Garmethode, die man als Kombination aus Braten und Kochen bezeichnen kann. Bratfett, Flüssigkeit und Dampf tragen zum gleichmäßig langsamen Garen bei relativ niedriger Temperatur bei. Dies bietet sich vor allem deshalb für Wildfleisch an, weil es oft eine festere Struktur besitzt als das Fleisch, das Tiere aus Hof und Stall hervorbringen. Besonders Wildbret von älteren Tieren verwandelt sich durch diese geduldige Behandlung beim Schmoren vorteilhaft, wird zarter und bekommt ein feineres Aroma. Zudem kann Einlegen in Marinade oder Beize für ein bis mehrere Tage helfen, den möglicherweise strengeren Geschmack des Wildbrets von vornherein zu vermeiden.

Bei der Zubereitung wird das Stück zunächst in einem Schmortopf, der vorzugsweise aus Gusseisen sein sollte, oder in einer ovalen Kasserolle in heißem Fett angebraten. Dadurch schließen sich die Poren; der Saft bleibt im Innern. Dann mit Flüssigkeit zu knapp einem Viertel aufgießen und zugedeckt langsam garen lassen, dabei öfters wenden. Wenn erforderlich, Flüssigkeit nur sparsam nachgießen.

Die ideale Flüssigkeit ist entweder eine gut gewürzte Brühe oder ein Wein, der auch zu den Speisen gereicht wird. Die Aromen von Gewürzen, Kräutern und Gemüsen, dem Sud zugefügt, werden vom Fleisch aufgenommen und tragen wesentlich zum guten Geschmack bei. Reh- und Hirschragout – hier auch aus der Küche Ungarns und des Orients als Hirschpilav (S. 90) oder Rehpörkölt (S. 96) – stehen als klassische Beispiele dafür. Aber nicht nur klein geschnittenes Fleisch eignet sich zum Schmoren. Auch Teilstücke wie Keulen oder größere Braten lassen sich vorteilhaft mit dieser Garmethode zubereiten: Gamsschlegel oder Elchbraten zum Beispiel. Zum Schmoren kann sowohl Weiß- als auch Rotwein genommen werden, das hängt ganz vom Wildbret und den Geschmacksvorlieben ab. Ein Schuss Port, Madeira, Weinbrand, Sherry, Apfelwein, Orangensaft oder Bier gibt Schmorgerichten eine besondere Note.

Gamspfeffer aus dem Tessin, dem so italienisch anmutenden Teil der Schweiz, leitet diese Rezeptgruppe ein (Rezept auf Seite 88).

Gamspfeffer

(Foto S. 86/87)

1 kg Gamsfleisch
Für die Beize:
1 Stangensellerie, 1 mittelgroße Karotte
1 Zwiebel, 1 Nelke, ½ Lorbeerblatt
je 1 Zweig Rosmarin und Thymian
5 Wacholderbeeren, 10 Pfefferkörner
1 Liter Rotwein
Salz, Pfeffer, 2 EL Mehl, 20 g Butterschmalz
½ Liter Brühe, 50 ml Grappa

Das Gamsfleisch in Würfel schneiden und in eine Steingut- oder Porzellanschüssel legen.

Für die Beize das Gemüse putzen und klein schneiden, die Gewürze zufügen, alles zum Fleisch legen und mit dem Rotwein bedecken. Die Schüssel mit Pergamentpapier abdecken. Das Ganze etwa 3 bis 4 Tage an einem kühlen Ort stehen lassen.

Danach das Fleisch aus der Beize nehmen und gut abtropfen lassen. Die Beize aufkochen und durch ein feines Sieb oder den Kaffeefilter passieren. Das Fleisch mit Salz und Pfeffer würzen, mehlen und im heißen Butterschmalz anbraten. Mit der passierten Beize ablöschen, mit Brühe auffüllen und zugedeckt etwa 2 Stunden schmoren lassen.

Die Fleischstücke aus der Sauce nehmen und warm halten. Die Sauce einkochen lassen und mit Grappa abschmecken. Die Sauce durch ein Sieb passieren und über das Fleisch gießen.

Zum Gamspfeffer passt – gemäß seiner Tessiner Herkunft – sehr gut Polenta.

Polenta

250 g Maisgrieß, 30 g Mehl
1 Liter Brühe, 40 g Butter
Salz, Pfeffer, geriebene Muskatnuss

Den Maisgrieß mit dem Mehl vermischen. Die Brühe mit der Butter und den Gewürzen aufkochen. Den Mais unter stetem Rühren einrieseln lassen und 30 Minuten kochen. Dabei immer wieder rühren – manche sagen, dies solle stets in einer Richtung erfolgen.

Gamsschlegel in Weinbeize

Für die Beize:
300 g Wurzelwerk/Suppengrün
(Möhren, Knollensellerie, Petersilienwurzel)
etwa ½ Liter Rotwein
1 Zwiebel, 1 Lorbeerblatt, Pfefferkörner, Salbei
1 Gamsschlegel von etwa 1–1,2 kg
100 g Speck in Streifen, 50 g Speckwürfel
60 g Butter, 25 g Mehl

Für die Beize das Wurzelwerk waschen, putzen und in Scheiben schneiden. ½ Liter Wasser, den Wein und die Zutaten für die Beize rasch aufkochen und auskühlen lassen. Den Gamsschlegel auslösen und abhäuten. In einen großen Steingut- oder Porzellantopf eine Schicht Wurzelwerk-Scheiben legen, darauf den Gamsschlegel, darüber wieder eine Schicht Wurzelwerk. Die Beizflüssigkeit aufgießen, so dass das Fleisch völlig bedeckt ist. Gut zudecken und drei bis fünf Tage an einem kühlen Ort stehen lassen.

Danach das Fleisch herausnehmen, trockentupfen, mit Speckstreifen spicken und in etwas Butter und den Speckwürfeln in einer Kasserolle rundum gut anbraten. Mit Beize ablöschen, etwa die Hälfte des Wurzelwerks beifügen und den Schlegel weich dünsten. Herausnehmen, in Scheiben schneiden und warm halten. Die Sauce passieren, mit etwas Mehl binden und sehr heiß über das aufgeschnittene Fleisch gießen.

Dazu passen Semmelknödel, Pfifferlinge, Preiselbeeren in ausgehöhlten Orangenhälften sowie ein Weißkrautsalat.

Semmelknödel

6–8 altbackene Weizenbrötchen (ca. 250–300 g)
Salz, ¼–⅜ Liter Milch
1 Zwiebel, 1 Bund Petersilie, 2–3 Eier, Salz

Die Brötchen in sehr dünne Scheiben schneiden, mit Salz bestreuen, in der lauwarmen Milch einweichen, bis diese aufgesaugt ist. Die Zwiebel abziehen, die Petersilie waschen, trockenschütteln, beides fein hacken, mit den Eiern zu den Brötchen geben, alles mit den Händen kneten, bis der Teig bindet. Mit angefeuchteten Händen 6 bis 10 Knödel formen. In einem großen Topf reichlich Salzwasser zum Kochen bringen. Gegebenenfalls erst einen (kleinen) Probekloß formen und vorab garen. Die Knödel ins Wasser geben und in 15 bis 20 Minuten erst zugedeckt, dann bei mittlerer Temperatur und halb geschlossenem Topfdeckel langsam fertig garen.

Kroatischer Hirschpilav

Pilav (auch Pilaw) stammt aus dem Orient und bezeichnet Reisgerichte mit verschiedenen Zutaten. Hirschfleisch bereitet man vor allem in Ungarn schon sehr lange zu, bis heute legendär sind die Jagdtrophäen, die mancher von seinem Pirschgang mitbrachte.

1 große Zwiebel
200 g frische Pilze
200 g Wurzelwerk/Suppengrün (Karotten, Petersilienwurzel, Knollensellerie, evtl. auch Lauch)
500 g Hirschfleisch, 2 EL Öl
250 g Langkornreis (Sorte nach Geschmack)
Salz, Pfeffer
1 EL Paprikapulver edelsüß
1 Lorbeerblatt, 5–6 Wacholderbeeren
1 Knoblauchzehe
etwa 1 Liter (Wild-)Fleischbrühe
⅛ Liter Rotwein
1 EL gehackte Petersilie

Die Zwiebel abziehen und klein hacken. Die Pilze putzen und in feine Scheiben schneiden. Das Wurzelwerk putzen und in feine Stifte schneiden oder raspeln.

Das Hirschfleisch in Würfel schneiden. Das Öl erhitzen und das Fleisch anbraten, Zwiebel, Pilze und Wurzelwerk, Reis und Gewürze sowie den abgezogenen Knoblauch zugeben. Die Brühe angießen und alles langsam im zugedeckten Topf garen.

Vor dem Servieren mit Rotwein abschmecken und mit gehackter Petersilie bestreuen. Zum Verfeinern des Gerichts sollte der gleiche Wein verwendet werden, der auch bei Tisch gereicht wird.

Elchbraten

Elche, die größeren Verwandten unserer heimischen Hirsche sind ähnlich wie Rotwild Kulturflüchter und ernähren sich von Blättern, Wasserpflanzen, Rinde von Weichhölzern, Getreide und Kräutern. Sie leben in der Regel als Einzelgänger in weiträumigen Seen- und Flusslandschaften und können ausgezeichnet und ausdauernd schwimmen.

Für die Marinade:
2 Pimentkörner, ½ Liter Rotwein
3 EL Öl, 5 Wacholderbeeren, 1 Lorbeerblatt, Salz
Für den Braten:
1 kg Elchfleisch (Keule)
1 Zwiebel, 1 Möhre, 1 Stück Sellerieknolle
200 g durchwachsener Speck
4 EL Öl
500 g Pfifferlinge
⅛ Liter süße Sahne
einige Tropfen Worcestershiresauce

Für die Marinade die Pimentkörner zerstoßen und mit den anderen Zutaten vermischen.
Den Elchbraten in die vorbereitete Marinade legen und über Nacht ziehen lassen.
Die Zwiebel abziehen, Möhre und Sellerie putzen, schälen, alles klein schneiden. Den Speck in dünne Scheiben schneiden. Fleisch aus der Marinade nehmen, abtropfen lassen, trockentupfen und im heißen Öl anbraten. Die Gemüse zugeben und die Speckscheiben über den Braten legen.
Etwas von der Marinade angießen und den Braten im Ofen bei 190 °C gut 2 Stunden garen. Ab und zu Marinade zugießen.
Die Pfifferlinge putzen und 20 Minuten vor Ende der Garzeit zufügen.
Den Bratenfond mit Sahne verfeinern, mit Worcestershiresauce würzen und als Sauce dazu servieren.
Wer die Pilze gerne gesondert zubereitet, kann dies nach dem Rezept rechts tun.

Pilze in Rahmsauce

Dieses Pilzrezept stammt aus Finnland. Die unübersehbaren Wälder bringen fast jedes Jahr einen Pilzreichtum hervor, der zu solchen Zubereitungen einlädt. Wer sich die reiche Ausbeute für länger sichern will, trocknet die Pilze. Manche Arten – so die Steinpilze – verstärken dabei ihr Aroma erheblich.

600 g frische Pilze
(Steinpilze, Pfifferlinge, Champignons oder Mischpilze)
1 EL Zitronensaft
1 Zwiebel, 40 g Butter
1–2 TL Mehl, gut ¼ Liter süße Sahne
Salz, weißer Pfeffer
Kräuter
(Petersilie, Schnittlauch, Dill, Kerbel, Liebstöckel)
125 g saure Sahne

Die Pilze putzen, waschen, klein schneiden und mit Zitronensaft beträufeln. Die Zwiebel abziehen, in Würfel schneiden und in der Butter andünsten. Die Pilze zugeben, nach 5 Minuten das Mehl darüber streuen, mit der süßen Sahne ablöschen. Einige Minuten köcheln lassen. Mit Salz und am besten frisch gemahlenem weißen Pfeffer würzen. Die Kräuter waschen, trockentupfen oder -schwenken, fein hacken und zugeben, mit der sauren Sahne abrunden.

Damhirschragout mit Birnenkompott

1 kg Hirschfleisch aus der Schulter
12 entsteinte Backpflaumen, 100 ml Weinbrand
Für die Marinade:
¾ Liter Rotwein, 100 ml Rotweinessig
4 Wacholderbeeren, 1 Lorbeerblatt
1 Msp. Nelkenpulver
Für das Birnenkompott: 1 kg vollreife Williamsbirnen
300 ml trockener Weißwein
70 g Zucker, 1 Vanilleschote
3 EL Pflanzenöl, 300 g Suppengrün/Wurzelwerk
1 EL Tomatenmark, 1 EL Wildfond
3 EL Preiselbeerkompott, 100 g Pumpernickel
Salz, Pfeffer, nach Bedarf etwas Speisestärke

Das Hirschfleisch abspülen, trockentupfen und in mundgerechte Würfel schneiden. Die Backpflaumen in den Weinbrand einlegen.

Für die Marinade Rotwein mit Essig, zerdrückten Wacholderbeeren, Lorbeerblatt und Nelkenpulver vermischen. Die Fleischwürfel darin etwa 12 bis 24 Stunden ziehen lassen.

Für das Birnenkompott die Birnen schälen, das Kerngehäuse und den Blütenansatz entfernen, die Birnen in Würfel schneiden und im Weißwein mit Zucker und aufgeschlitzter Vanilleschote aufkochen. Einige Minuten köcheln lassen. Vanilleschote herausnehmen, alles mit dem Mixstab kurz durchrühren und kalt stellen.

Das Öl in einem Schmortopf erhitzen und das marinierte Fleisch darin rundherum anbraten. Das Suppengrün waschen, putzen, grob zerkleinern und mit anrösten. Tomatenmark und Wildfond zugeben und bei mittlerer Hitze etwa 40 Minuten garen. Die Marinade durch ein Sieb nach und nach dazugießen. Etwa 10 Minuten vor Ende der Garzeit die Backpflaumen ohne Flüssigkeit mitkochen.

Wenn es fertig gegart ist, Fleisch und Backpflaumen herausnehmen. Preiselbeeren und zerbröselten Pumpernickel in die Sauce rühren und einige Minuten köcheln lassen, dann durch ein Sieb passieren. Mit Salz und Pfeffer abschmecken, Fleisch und Backpflaumen wieder in die Sauce geben. Nach Wunsch die Sauce mit etwas Speisestärke binden.

Das Ragout in einer vorgewärmten Schüssel servieren. Das Birnenkompott getrennt dazu reichen. Dazu passen Kartoffelklöße, Nudeln oder Butterkartoffeln.

Anstelle des Birnenkompotts können zur Abwechslung die Birnen auch süßsauer zubereitet werden

Birnen süßsauer

1 Liter Weinessig, 850 g Zucker
2,5 kg Birnen, nicht zu weiche Sorte
Schale von ½ unbehandelten Zitrone
1 Stange Zimt, 4 Nelken

Den Essig erhitzen und den Zucker darin auflösen. Die Birnen schälen, halbieren, von Kernhaus und Blütenansatz befreien. Die Zitrone waschen, abtrocknen, die Schale von der Hälfte dünn abschälen. Birnen mit Zitronenschale, Zimt und Nelken in die Essiglösung geben, nicht zu weich kochen.

Bei dieser Menge handelt es sich bereits um das Anlegen von Vorräten: Die fertigen Birnen herausnehmen und in kleine Gläser füllen. Den Sud zu einem dünnen Sirup einkochen, durchsieben und über die Birnen gießen. Über Nacht kühl stellen. Am nächsten Tag den Essigsud nochmals abgießen und aufkochen und nach dem Erkalten wieder über die Birnen gießen. Nach einer Woche das Ganze wiederholen und die Birnen nun in Gläser mit entsprechendem luftdichten Verschluss füllen, der für längeres Aufbewahren geeignet ist.

Jederzeit stehen die süßsauren Birnen zu einem Wildgericht oder anderen Braten zur Verfügung, auch dann, wenn es keine frischen Früchte mehr gibt.

Rehpörkölt mit Klößchen

Pörkölt ist eine ungarische Spezialität: Mit großen Fleischwürfeln nach Wahl – von Hammel, Rind, Schwein, Huhn oder eben Wild, stets kommt als Gemüse Zwiebel und Paprika hinein, wird mit reichlich Paprikapulver überstreut und geschmort. Pörkölt ist ein enger Verwandter des Gulasch, der vor gut 200 Jahren zu Zeiten des Habsburger Reichs seinen Siegeszug durch die Küchen Europas antrat.

Der ungarische Wildbestand genießt bei Europas Jägern seit Jahrhunderten einen guten, um nicht zu sagen legendären Ruf. Zahlreiche Trophäen von Rothirsch, Damhirsch und Rehwild, die bis heute Weltrekorde halten, stammen aus Ungarns Wäldern.

1 kg Rehfleisch
100 g Räucherspeck
80 g Bratfett (z. B. Schmalz oder Butterschmalz)
1 Zwiebel
10 g Delikatess-Paprika, Salz
1 grüne Paprikaschote, 1 EL Tomatenmark
Für die Klößchen:
2 Eier, etwa 200–250 g Mehl, Salz
50 g Butter, 125 g saure Sahne

Das Rehfleisch in Streifen schneiden. Den Speck in kleine Würfel schneiden und im heißen Fett anbräunen. Die Zwiebel abziehen und klein hacken, zum Speck geben und goldgelb rösten.

Die Pfanne vom Feuer nehmen, das Paprikapulver einstreuen, das Fleisch einlegen, salzen und dünsten lassen. Immer nur wenig Wasser zugießen.

Die Paprikaschote halbieren, waschen, entkernen und in Streifen schneiden. Wenn das Fleisch nach etwa 25 Minuten halb gar ist, Tomatenmark und Paprikastreifen zugeben und alles in weiteren 25 Minuten fertig dünsten.

Für die Klößchen: Aus Eiern, Mehl, Salz und Wasser einen mittelweichen Teig bereiten. Mit einem scharfen Messer direkt vom Brett in siedendes Wasser kleine Klößchen stoßen. Sobald die Klößchen an die Oberfläche kommen, herausheben, abtropfen lassen. Die Butter schmelzen, mit der sauren Sahne vermischen und die Klößchen damit übergießen.

Hase ländlicher Art

Dunkelrotes Hasenfleisch ist für jeden Wildliebhaber – nicht nur im Tessin, dieses Gericht heißt dort *Lepre alla riverasca* – ein leckerer Genuss, besonders nach einer Beize in Weißwein. Und wenn Sie nicht genügend Pfifferlinge bekommen, harmonieren auch andere Waldpilze, genauso zubereitet, mit dem Aroma des Hasen.

Für die Beize:
1 Möhre, ½ Knollensellerie, 1 Zwiebel,
½ Lorbeerblatt, 1 Nelke, 1 Rosmarinzweig,
3 Salbeiblätter, ½ Liter Weißwein
1 küchenfertiger Hase von etwa 1,8 kg, in Stücke geschnitten
Salz, Pfeffer
100 g Bauchspeck
2 Tomaten
2 EL Erdnussöl
300 ml Fleischbrühe
100 g Pfifferlinge, 1 Knoblauchzehe, 50 g Butter
2 EL gehackte Petersilie
100 g Weißbrot
200 ml süße Sahne

Für die Beize die Gemüse waschen, putzen, schälen und in Würfel schneiden. Mit den Gewürzen im Weißwein aufkochen, erkalten lassen und über die Hasenstücke gießen. Das Wild in der Beize einen Tag lang kühl stellen. Die Hasenstücke herausnehmen, gut abtropfen lassen oder gegebenenfalls trockentupfen, mit Salz und Pfeffer würzen. Die Beize aufkochen und passieren.

Den Bauchspeck in kleine Stücke schneiden. Die Tomaten überbrühen, häuten und in Würfel schneiden. Das Öl im Bräter erhitzen, die Hasenstücke darin anbraten. Das Fett aus dem Bräter abgießen. Die Speckstücke kurz mitbraten. Die Tomaten zufügen. Mit der Marinade ablöschen und einkochen lassen. Mit der Fleischbrühe auffüllen und etwa 1 Stunde schmoren lassen.

Währenddessen die Pfifferlinge putzen, den Knoblauch abziehen und zerdrücken. Die Pilze in der Hälfte der Butter mit dem Knoblauch dünsten und mit der Petersilie überstreuen. Das Weißbrot in Würfel schneiden und in der restlichen Butter rösten.

Das Fleisch aus der Sauce nehmen und warm stellen. Die Sauce bei starker Hitze einkochen lassen, die süße Sahne zugeben und aufkochen, dann über das Fleisch gießen. Die Brotwürfel darüber streuen.

Wildkaninchen in Kapernsauce

Wildkaninchen-Fleisch ist etwas dunkler und herzhafter als das des Hauskaninchens. Dieses Rezept hier eignet sich für beide Arten.

Der Kapernstrauch wächst in Süd- und Südost-Europa in vielen Regionen wild. Als Gewürz verwendet man die noch nicht geöffneten Blütenknospen, die allerdings in der Regel von kultivierten Sträuchern stammen. Sie werden in Salz eingelegt und entwickeln dadurch ihren typischen Geschmack.

1 Wildkaninchen
¼ Liter Weißwein, 2–3 Gewürznelken
200 g Wurzelwerk/Suppengrün
1 Zwiebel, Salz
Für die Sauce:
1 kleine Zwiebel, 2 EL Kapern
40 g Butter, 1 EL Mehl
1 EL gehackte Petersilie
½ Liter Wildbrühe (s. S. 52)
125 g saure Sahne

Das küchenfertige Wildkaninchen zerteilen, in einen Topf legen und den Weißwein mit den Gewürznelken darüber gießen. Zugedeckt 24 Stunden ruhen lassen.

Das Wurzelwerk waschen, putzen und in feine Stifte schneiden oder raspeln. Die Zwiebel abziehen und klein hacken. Die Kaninchenteile aus der Marinade nehmen, abtropfen lassen und mit dem Wurzelwerk und der Zwiebel in Salzwasser langsam weich kochen. Sobald das Kaninchenfleisch gar ist, aus der Brühe nehmen und in einer feuerfesten Form warm stellen. Das Wurzelwerk durch ein Sieb streichen, das Püree über das Fleisch geben.

Für die Sauce: Während das Kaninchen gart, die Zwiebel abziehen und fein hacken, die Kapern ebenso klein schneiden. Die Butter in einem kleinen Topf erhitzen, die Zwiebel zufügen und andünsten. Mit dem Mehl bestäuben und goldgelb durchschwitzen lassen. Die Brühe unter Rühren angießen und bei mäßiger Temperatur 8 bis 10 Minuten kochen lassen. Zum Schluss Kapern, Petersilie und saure Sahne unterrühren.

Die Kapernsauce über die Kaninchenteile gießen und warm servieren.

Gebeiztes Wildkaninchen

Diese Rezepte stammen von den Kanarischen Inseln, auf denen einst die Wildkaninchen zu den wichtigsten Fleischlieferanten zählten. Für die Original-Sauce Salmorejo gibt es verschiedene Varianten.

1 küchenfertiges Wildkaninchen mit der Leber, in Portionsstücke geteilt
¼ Liter trockener Weißwein
100 ml Rotweinessig, 100 ml kaltgepresstes Olivenöl
6 Knoblauchzehen
1 kleine getrocknete Chilischote
8 schwarze Pfefferkörner, Meersalz
2 Gewürznelken
je 1 Zweig frischer Thymian und Majoran
2 Lorbeerblätter
30 g Schweineschmalz oder 3 EL kaltgepresstes Olivenöl
½ TL Paprikapulver, edelsüß
½ TL Kreuzkümmel, gemahlen

Die Kaninchenteile – am besten bereits vom Händler zerlegt – kalt abspülen und abtrocknen. Die Leber kalt aufbewahren. Wein, Essig und Olivenöl in ein Tongefäß oder eine hohe Schüssel geben. Den Knoblauch abziehen und in Stücke schneiden. Chilischote, Pfefferkörner und 1 TL Meersalz in einem Mörser fein zerstoßen. Die Mischung zusammen mit dem Knoblauch und den Gewürznelken unter die Beize mischen und die Fleischteile hineinlegen, mit den Kräuterzweigen und Lorbeerblättern belegen. Einen Deckel oder Teller auflegen und das Fleisch für 12 Stunden kühl stellen, zwischendurch einmal umdrehen.

Danach die Fleischstücke abtropfen lassen und abtrocknen. Schmalz oder Olivenöl in einer großen Pfanne gut erhitzen und die Wildkaninchenteile rundum braun anbraten. Den Knoblauch aus der Beize fischen und kurz unter Wenden mitbraten. Nach und nach die Beize aufgießen und alles zugedeckt etwa 30 bis 40 Minuten bei mittlerer Hitze schmoren, bis das Fleisch gar ist.

Die Leber hacken, zum Schluss mit Paprikapulver und Kreuzkümmel unter das Gericht rühren, alles offen noch 10 Minuten köcheln lassen und die Sauce mit Salz abschmecken.

Gute Beilagen gibt es genügend: Brot, Reis oder Kartoffeln, speziell die kleinen kanarischen Runzelkartoffeln, mit *mojo,* einer pikanten Sauce. Dazu schmeckt ein trockener Roséwein, beispielsweise von den Kanarischen Inseln oder aus dem Anbaugebiet von Valencia.

Runzelkartoffeln und kanarischer Mojo

1 kg kleine, fest kochende Kartoffeln, 3 EL Meersalz
Für den Mojo:
2 Knoblauchzehen, 2–3 sonnengereifte Tomaten
½–1 kleine scharfe rote Pfefferschote (Chili)
100 ml Olivenöl, 2 Msp. Kreuzkümmel, gemahlen
½ TL Paprikapulver, edelsüß, Salz
Himbeer- oder Rotweinessig nach Geschmack

Die Kartoffeln gründlich waschen und in einen Topf geben. Bis zur Hälfte Wasser zugießen und mit Salz bestreuen. Die Kartoffeln aufkochen, zwischen Topf und Deckel ein gefaltetes Küchentuch legen. Die Kartoffeln bei starker Hitze kochen, bis sie gar sind und das Wasser verdampft ist. Wenn man das Salz am Topfboden knistern hört, sind die Kartoffeln mit einer feinen Kruste überzogen und fertig. Sie werden halbiert, in der Schale gegessen und mit einigen Tropfen *mojo* beträufelt.

Für den Mojo den Knoblauch abziehen und zerdrücken. Die Tomaten überbrühen, häuten, entkernen und hacken. Die Pfefferschote – wegen ihrer Schärfe eventuell mit Küchenhandschuhen – längs aufschneiden, Zwischenwände und Kerne entfernen, sehr fein hacken. Der Knoblauch-Tomaten-Pfefferschoten-Mischung das Öl unter ständigem Rühren zufügen. Mit Kreuzkümmel, Paprikapulver und Salz sowie Essig fein abschmecken.

Variante: Salmorejo mit Petersilie
4 Knoblauchzehen
1 kleine rote scharfe Pfefferschote (Chili)
1 Bund glatte Petersilie, ⅛ Liter Olivenöl
je 1–2 Msp. getrockneter Thymian und Oregano
½ TL Rosenpaprika
1 Msp. gemahlener Kreuzkümmel
Salz, Saft von ½–1 Zitrone
nach Belieben 75 ml trockener Weißwein

Den Knoblauch abziehen und zerdrücken. Die Pfefferschote aufschneiden, entkernen und klein schneiden. Die Petersilie waschen, trockentupfen, die Blättchen von den Stielen zupfen und grob zerkleinern. Alle Zutaten in einen Mixer geben. Das Öl zufügen. Mit den Gewürzen und mit Zitronensaft abschmecken. Nach Belieben noch Weißwein zufügen.

Mit dieser Mischung das Wildkaninchen bestreichen und eine Nacht abgedeckt kalt stehen lassen. Am nächsten Tag in dieser Mischung in einem Bräter schmoren lassen. Salmorejo ist auch gut geeignet für Wildschwein.

Wildkaninchen mit Sardellen

Dieses provençalische Gericht verdankt seinen Namen – *Lapin à l'anchoïade* – dem *anchouiado*, einer pikanten Sardellenpaste, die man gerne aufs Brot streicht oder zu Grillgerichten serviert.

1 Wildkaninchen von etwa 1,2 kg, küchenfertig entbeint
12 Sardellenfilets, 200 g magerer Speck
24 Perlzwiebeln, 200 ml Weißwein
6 große Tomaten
je 1 EL Petersilie und Kerbel, grob gehackt
½–1 TL schwarzer Pfeffer, frisch gemahlen

Das Wildkaninchen bereits vom Händler entbeinen lassen, ohne dass es auseinander fällt. Die Sardellenfilets fein hacken. Das Kaninchen innen und außen mit ⅔ dieser Paste bestreichen. Dann das Fleisch parallel zum Rückgrat einrollen und mit Küchengarn festbinden.

Den Speck in kleine Würfel schneiden und in einem Schmortopf glasig braten. Sobald genügend Fett ausgetreten ist, Speckwürfel herausnehmen. Kaninchenrolle im Fett von allen Seiten anbraten. Die Perlzwiebeln und Speckwürfel zugeben. Kurz braten, dann mit Weißwein ablöschen. Den Weißwein auf die Hälfte reduzieren.

Die Tomaten überbrühen, häuten, entkernen, klein schneiden und zugeben. Alles halb zugedeckt 30 bis 35 Minuten schmoren lassen. Öfters wenden.

Die restlichen Sardellen zufügen. Mit den Kräutern und viel schwarzem Pfeffer bestreuen.

TIPP: In Salz eingelegte Sardellen sollten einige Zeit in Wasser liegen, damit sie das Gericht nicht versalzen. So erspart man sich auch das Nachsalzen.

Flämisches Bierkaninchen

100 g durchwachsener gepökelter (Gelderländer) Speck
3 mittelgroße Zwiebeln
1 große Knoblauchzehe
1 große Möhre
60 g Butter oder Butterschmalz
1 küchenfertiges Wildkaninchen von etwa 1,1 kg
Salz, schwarzer Pfeffer
½ Liter braunes belgisches Bier
4 Scheiben Baguette oder anderes, festeres Weißbrot
1 EL Senf von Meaux oder
ein anderer grobkörniger säuerlicher Senf
100 g Crème fraîche

Vom Speck die Schwarte abschneiden und den Rest klein würfeln. Zwiebeln und Knoblauch abziehen, Möhre schälen, alles in kleine Würfel schneiden.

In einer großen Deckelpfanne die Hälfte der Butter oder des Butterschmalzes erhitzen. Den Speck bei mittlerer Hitze unter Wenden darin schön knusprig braten. Dann das Gemüse zufügen und kurz mitbraten, aber nicht braun werden lassen. Speck und Gemüse aus der Pfanne nehmen und beiseite stellen.

Das Wildkaninchen kalt abspülen und abtrocknen, mit der Geflügelschere in Portionsstücke schneiden. Restliche(s) Butter oder Butterschmalz in der Pfanne erhitzen und die Kaninchenteile braun anbraten. Fleisch mit Salz und Pfeffer bestreuen. Speck und Gemüse wieder in die Pfanne geben, das Bier zugießen.

Die Weißbrotscheiben mit Senf bestreichen und mit der Senfseite nach unten auf das Gargut legen. Deckel auf die Pfanne setzen und das Wildkaninchen bei knapp mittlerer Hitze garen, bis sich das Fleisch leicht von den Knochen lösen lässt. Das dauert etwa 1¼ Stunden. Zwischendurch das Fleisch wenden und noch etwa ¼ Liter heißes Wasser nachgießen. Wildkaninchen herausnehmen und in einer Schüssel warm stellen.

Gemüse herausnehmen und mit dem Mixstab pürieren oder durch ein Sieb streichen. Crème fraîche unterrühren, die Sauce erhitzen, mit Salz und Pfeffer abschmecken und über das Wildkaninchen gießen.

Zu diesem herzhaften Wildkaninchen serviert man Salzkartoffeln und warmes Apfelkompott oder in Butter gebratene heiße Apfelscheiben.

TIPP: Wer kein belgisches Bier findet, kann beispielsweise auch dunkles bayerisches Bier oder Düsseldorfer Alt verwenden.

Rebhuhn gefüllt mit Steinpilzen

Als Varianten zu diesem schwedischen Rezept kommen zweierlei Füllungen in Frage, die beide von den Zutaten her im sonnigen Süden anzusiedeln sind: die eine mit Thymian, Majoran und Trüffel, die andere mit Knoblauch, Olivenöl, entsprechenden Kräutern und Mandeln. Zu finden sind sie auf Seite 136 bei den gefüllten Wachteln mit Trauben im nächsten Kapitel. Voraussetzung ist natürlich immer, dass man überhaupt Rebhühner oder Wachteln bekommt. Sonst lassen sich auch Wachteln einer Rasse verwenden, die in großen Volieren innerhalb eines Monats zur Geschlechtsreife gezüchtet werden.

Für die Füllung:
1 Zwiebel, 200 g Steinpilze
80 g Butter, Salz, weißer Pfeffer
1 Bund Petersilie, 2–3 TL Paniermehl
4 junge Rebhühner
200 g Speck in Scheiben
¼ Liter Wildgeflügelbrühe (siehe S. 50/51)
¼ Liter süße Sahne, 2 TL Speisestärke
etwa 50 ml Madeira, 1 Trüffel (nach Belieben)

Für die Füllung: Die Zwiebel abziehen und hacken. Die Steinpilze putzen und klein schneiden. Etwa 20 g Butter erhitzen, darin die Zwiebel glasig dünsten, die Steinpilze zufügen, salzen, pfeffern und weich dünsten.

Die Petersilie waschen, trockentupfen, die Blättchen von den Stielen zupfen und hacken, mit dem Paniermehl zur Zwiebel-Pilz-Mischung geben und erkalten lassen. Diese Masse in die vorbereiteten Rebhühner füllen, die Hühner zunähen und mit den – dünnen – Speckscheiben umwickeln.

In der restlichen Butter die Rebhühner zunächst auf der Brustseite braten, dann wenden. Sobald sie hell gebräunt sind, mit Brühe ablöschen und zudecken. Dabei häufiger begießen. Die Garzeit beträgt etwa 50 Minuten, je nach Größe der Rebhühner.

Die Sauce mit Sahne und Speisestärke andicken, mit Madeira verfeinern sowie mit Salz und Pfeffer abschmecken.

Einige fein geschnittene Trüffelscheiben in der Sauce vollenden den Genuss.

Wachteln in Schokoladensauce

Cordonices con Chocolate ist ein Rezept aus Aragonien. Die spanische Provinz im Nordosten der Iberischen Halbinsel gilt als Hirten-, Gemüse- und Weinregion. Finden sich hier doch – dank Bewässerung – so fruchtbare Ebenen wie die des großen Flusses Ebro. Die ertragreichen Hügel der Rioja beiderseits des mittleren Ebro gehören ebenfalls zum Teil zu Aragonien. Und wo der Boden solche Köstlichkeiten nicht mehr heranreifen lässt, ist viel Platz für Schafe und andere Tiere, die dann auch zur Herstellung berühmter Schinken wie dem aus Teruel dienen.

Schon lange gelten die Aragonesen als Meister in der Zubereitung köstlicher Saucen. Zahlreiche Gerichte verdanken ihren außergewöhnlichen Geschmack einem Stückchen Schokolade, das im letzten Augenblick zugegeben wird und sanft in der Sauce schmilzt. Die Schokolade lässt sich am Geschmack nur erahnen, doch rundet sie das Gericht wunderbar ab, entlockt dem Fleisch ein subtiles Aroma und verstärkt das der Sauce.

Schokolade verfeinert auch eine vorzügliche Sauce aus kleinen glasierten Zwiebeln, die ebenfalls bestens zu Federwild wie Rebhuhn und Tauben passt, genauso gut aber auch ein Kaninchen oder Huhn aufwertet.

8 küchenfertige Wachteln
Salz, weißer oder schwarzer Pfeffer
1 mittelgroße Zwiebel, 4 Knoblauchzehen
3 kleine Möhren
5 EL kaltgepresstes Olivenöl
1 EL Mehl
4 EL Rotweinessig, ¼ Liter trockener Rotwein
⅜ Liter Hühnerbrühe (Fertigprodukt) oder Wildgeflügelbrühe (s. S. 50/51)
2 Lorbeerblätter, 2 Gewürznelken
2 EL geraspelte Zartbitter-Schokolade
½ Bund glatte Petersilie

Die Wachteln kalt abspülen und mit der Geflügelschere halbieren, trockentupfen. Das Geflügel mit Salz und Pfeffer einreiben.

Zwiebel und Knoblauch abziehen, Zwiebel würfeln, Knoblauch in Scheibchen schneiden. Die Möhren schälen und würfeln.

Das Olivenöl in einer Pfanne erhitzen und die Wachteln von allen Seiten kurz anbraten. Das Gemüse zufügen und ebenfalls anbraten. Das Mehl darüber streuen und unterrühren. Mit Essig, Wein und Brühe ablöschen und aufkochen. Lorbeerblätter und Nelken zufügen, alles zugedeckt bei sanfter Hitze 15 Minuten dünsten.

Die Wachteln aus der Sauce heben und warm stellen. Die Schokoladenraspel in die Sauce einrühren und schmelzen lassen. Die Sauce abschmecken. Die Petersilie waschen und trockenschütteln, Blättchen hacken. Die Wachteln zurück in die heiße Sauce legen und mit Petersilie bestreut servieren.

Dazu passt – ganz der spanisch-aragonischen Herkunft entsprechend – ein helles Landbrot und ein Rotwein aus der Rioja.

TIPP: Statt mit Wachteln kann das Gericht auch mit Rebhuhn oder mit Kaninchenteilen zubereitet werden.

In aller Ruhe im Ofen zubereitet

Die Zubereitung im Backofen bietet sich bei Wild bevorzugt an und hat viele Vorteile. Das liegt zum einen an der Größe des Wildbrets, das manchmal gar nicht mehr in einen normalen Topf passen würde. Zum anderen sind die gleichbleibenden Bedingungen in einem Backofen und die lange Garzeit ideal geeignet – noch eine Spur besser als beim Schmoren auf dem Herd –, damit sich die Aromen ausgesuchter Zutaten mit dem des Wildbrets innig vermischen.

Bereits im Ofen angebraten werden bevorzugt ganze Geflügel, große Stücke vom Wildbret wie Rehrücken, Hasenrücken, Wildschweinkeule. Allgemein die besten Ergebnisse lassen sich erzielen, wenn man zunächst den Braten auf der Rückenseite anbrät und anschließend wendet. Keulen werden rundherum angebraten und während des Garens – oder Schmorens – im Backofen öfters mit Bratfett übergossen. Mit einem Fleischthermometer lässt sich die Kerntemperatur eines jeden Bratens messen. Sie soll mindestens 80 °C betragen. Nach Ende der Garzeit sollten Sie den Braten bei niedrigster Stufe oder in der Restwärme des abgeschalteten geschlossenen Backofens einige Minuten nachziehen lassen, so kann sich der Saft gleichmäßig im Gewebe wieder verteilen.

Fettarme Arten wie Fasan oder Feldhuhn werden oft bardiert – also mit Speckstreifen umwickelt – und immer zuerst mit der Brustseite nach unten in die vorerhitzte Kasserolle gelegt. Wenn nötig können Sie das Geflügel vorher mit Öl bepinseln und rundherum anbraten. Nach etwa der halben Garzeit den Braten einmal wenden und öfters mit Bratfett begießen, damit er nicht austrocknet. Hierfür hat sich auch Folgendes bewährt: Vorher die Haut mit Salzwasser oder Bier bepinseln, das macht sie schön knusprig und verleiht ihr einen herzhaften Geschmack.

Eine nicht so oft angewandte Garmethode für Wildbret ist das Garen im Teigmantel oder unter einer Salzkruste. Die schonende Zubereitung ist vergleichbar mit Garen im eigenen Saft. Auf Seite 146 haben wir zwei Paradebeispiele zusammengefasst: Elsässer Pastete und die Quiche mit Wildfleischresten, mit einem Teigdeckel – oder wenigstens Teigstreifen – abgedeckt.

Hier ist vieles – auch Gegensätzliches – versammelt, was die Wildküche so außergewöhnlich schmackhaft macht.

Gefüllte Hirschkoteletts

Zutaten für 6 Personen
6 Koteletts vom Hirsch
120 g Pilze je nach Jahreszeit, 1 Schalotte, 20 g Butter
200 g feines Hackfleisch
2 EL gehackte gemischte Kräuter
Salz, Pfeffer, Fett zum Braten
Für die Sauce:
1 Zweig Thymian, 1 kleine Zwiebel, 20 g Butter
100 ml Rotwein, 300 ml Wildbrühe (s. S. 52)
Salz, Pfeffer
Für die Kartoffelküchlein:
600 g Kartoffeln, 60 g geräucherter Bauchspeck
1 mittelgroße Zwiebel (60 g)
2 Eigelb, 2 EL Kartoffelstärke
2 EL feingehackte Petersilie
Salz, geriebene Muskatnuss
Mehl zum Formen
Butterschmalz zum Braten

In die Hirschkoteletts Taschen schneiden. Die Pilze putzen und grob hacken. Die Schalotte abziehen und fein schneiden, mit den Pilzen in der Butter andünsten. Die Pilze abkühlen lassen, dann mit Hackfleisch und Kräutern vermischen. Mit Salz und Pfeffer würzen und in die Hirschkoteletts füllen. Die Koteletts mit einem Spieß verschließen, beidseitig mit Salz und Pfeffer würzen. Im heißen Fett gut anbraten. Im vorgeheizten Ofen bei 200 °C noch etwa 10 Minuten braten.
Für die Sauce Thymianblättchen abzupfen, die Zwiebel abziehen und fein schneiden, beides in Butter andünsten. Mit Rotwein ablöschen, etwas einkochen lassen. Mit der Wildbrühe aufgießen, noch etwas einkochen, mit Salz und Pfeffer abschmecken.
Zu den Hirschkoteletts passen als Beilage Preiselbeeren, Schupfnudeln, gebratene Klöße, Kartoffelküchlein (Rezept unten) und auch nebenstehendes Kastaniengemüse.
Für die Kartoffelküchlein Kartoffeln schälen, in ungesalzenem Wasser weich kochen, abgießen, gut ausdampfen lassen, durch eine Kartoffelpresse drücken. Den Bauchspeck in Würfel schneiden, in einer Pfanne etwas auslassen. Die Zwiebel abziehen, ebenfalls würfeln, in der Pfanne gut anschwitzen. Diese Mischung zu den Kartoffeln geben. Eigelb, Stärke und Petersilie zugeben, gut vermischen. Mit Salz und Muskatnuss würzen. Aus dieser Masse flache Küchlein – „Daatsche" – herstellen:
Eine Hand bemehlen, 1 EL Kartoffelmasse darauf geben, zu einer Kugel formen, mit der anderen Hand flach drücken. Die Küchlein in Mehl wenden und im heißen Butterschmalz auf beiden Seiten braten.

Kastaniengemüse

Edelkastanien, Esskastanien oder Maroni, im Italienischen *castagna* oder *marrone,* können Sie in diesem Buch immer wieder begegnen: Dank ihres feinen Geschmacks bieten sie sich in unterschiedlichster Form als Wildbeilage oder Grundlage eigenständiger Gerichte an. Nicht zu vergessen, wie vielen Menschen in Notzeiten die unscheinbare, schlichte Frucht schon über den schlimmsten Hunger hinweggeholfen hat. Dass die Leute dort, wo es viele Kastanien gibt, die Produkte daraus nicht immer so hoch schätzen wie anderswo Feinschmecker, darf indes nicht verwundern.

1 kg Esskastanien, Salz
¾ Liter Brühe (Gemüse- oder Fleischbrühe,
evtl. Wildgeflügelbrühe (s. S. 50/51)
2 große Zwiebeln, 125 g Butter
2 EL Zucker

Die braunen Kastanienschalen kreuzweise einschneiden, die Kastanien 20 Minuten in Salzwasser kochen. Kalt abschrecken und sofort schälen. Sehr vorsichtig muss auch die dünne (hell)braune Haut der Kastanien geschält werden.
Die Brühe mit den vorgegarten Kastanien aufsetzen und bei kleiner Hitze und offenem Topf leise köcheln lassen. Die Zwiebeln abziehen und fein hacken. In einer Pfanne die Butter mäßig erhitzen, die Zwiebeln darin glasig dünsten. Zucker und Salz zufügen, verrühren, dieses Gemisch über den Kastanien verteilen und vorsichtig durchrühren. Das Kastaniengemüse schmeckt nicht nur zur Weihnachtsgans, sondern zu beinahe jeglicher Art Wildgeflügel und Wildbraten.

Steirisches Hirschragout

Das waldreiche und gebirgige Österreich bietet immer noch gute Voraussetzungen für Rotwild, das ja große Reviere braucht, damit es sich richtig wohl fühlt. Besonders die südliche Steiermark weist viel von diesem edlen Wild auf. So ist verständlich, dass die steirische Küche noch weit mehr bodenständige Wildrezepte kennt als dieses hier.

Viele Feinschmecker verzichten mittlerweile auf langes Abhängen und Beizen des Wildbrets, belassen ihm sein charakteristisches Aroma. Wer aber einmal an etwas älteres Wildbret gerät, freut sich vielleicht über ein bewährtes Rezept, auch solchem Fleisch besseren Geschmack zu verleihen – beispielsweise durch die entsprechende Beize mit Olivenöl, mit oder ohne Wein (s. S. 50 ff.).

1 Lorbeerblatt
1 TL schwarze Pfefferkörner
6 Pimentkörner, 5 Wacholderbeeren
1 kleiner Zweig frischer oder 1 TL getrockneter Thymian
Salz
600 g Hirschfleisch aus der Schulter
1 mittelgroße Zwiebel, 1 mittelgroße Möhre
100 g Knollensellerie, 1 kleine Petersilienwurzel
3 EL Sonnenblumenöl
1 EL Mehl
1 kräftiger Schuss Rotwein (etwa 60 ml)
3 EL Crème fraîche
1 EL Zitronensaft, 2 EL Preiselbeerkompott
1 Prise geriebene Muskatnuss
schwarzer Pfeffer

1 Liter Wasser in einen Topf geben und mit dem Lorbeerblatt, den Pfeffer- und Pimentkörnern, den Wacholderbeeren, dem Thymian und knapp 1 Teelöffel Salz aufkochen.

Das Fleisch abspülen. In den Topf legen, etwa 45 Minuten auf dem Siedepunkt halten und garen, bis es fast weich ist. Die Zwiebel abziehen und klein würfeln, Möhre, Sellerie und Petersilienwurzel putzen, schälen und ebenfalls klein würfeln.

Den Backofen auf 200 °C vorheizen. In einem ofenfesten Bräter das Öl erhitzen und das Gemüse darin anrösten, bis es sich zu bräunen beginnt. Das Hirschfleisch aus der Brühe nehmen, in kleine Würfel schneiden und unter das Gemüse mischen.

⅛ Liter von der Brühe zugießen und das Fleisch zugedeckt noch 30 Minuten in der Backofenmitte garen, zwischendurch einmal umrühren.

Den Bräter aus dem Ofen nehmen, das Mehl über Fleisch und Gemüse streuen und unterrühren. Den Rotwein hineingießen und das Ragout bei mittlerer Hitze noch einmal aufkochen. Crème fraîche zugeben und eventuell noch etwas durchgesiebte heiße Brühe sowie den Zitronensaft und das Preiselbeerkompott. Mit Muskatnuss, Salz und Pfeffer abschmecken und servieren.

Dazu schmecken Bandnudeln vorzüglich, aber auch Gnocchi. Wir empfehlen hier eine der Herkunft des Hirschs angemessene Rezeptur, Waldgnocchi.

Waldgnocchi

500 g gedörrte Esskastanien (Maronen), Salz
20 g getrocknete Champignons
500 g Kartoffeln
200 g Spinat (Tiefkühlware)
Pfeffer, geriebene Muskatnuss
400 g Weizenmehl, 2 Eier, etwas Butter

Die Maronen über Nacht in Wasser einweichen. In Salzwasser 40 Minuten kochen. Die Champignons in wenig Wasser einweichen, auspressen und fein hacken.

Die Kartoffeln waschen, weich kochen und pellen. Kartoffeln, Spinat, Maronen und Champignons durch ein Sieb streichen. Würzen und mit Mehl und Eiern vermischen. Den Teig etwa 1 Stunde ruhen lassen.

Kleine Gnocchi formen und in Salzwasser pochieren. Wenn sie an der Oberfläche schwimmen, mit einem Sieb herausnehmen. Die Gnocchi in eine Pfanne geben und in wenig geschmolzener Butter schwenken.

Rehrücken Baden-Baden

2 EL Öl, Rehknochen
1 Zwiebel, 1 Möhre
6 Wacholderbeeren, 10 Pfefferkörner
je 1 Prise getrockneter Thymian und Rosmarin
Salz, Pfeffer
¼ Liter Rotwein, ½ EL Tomatenmark
1 Rehrücken (ca. 1,5 kg)
6 Wacholderbeeren
150 g Speck in dünnen Scheiben
30 g Butterschmalz
3–4 Birnen
½ Liter Zuckerwasser
Preiselbeerkonfitüre
125 g Crème fraîche

Das Öl erhitzen und die Knochen stark anbraten. Die Zwiebel abziehen, die Möhre schälen, beides klein schneiden, mit den Gewürzen zu den Knochen geben und mit anbraten. Mit Rotwein ablöschen, das Tomatenmark unterrühren und etwa 30 Minuten bei geringer Hitze kochen lassen. Zum Schluss durchsieben.

Den Rehrücken waschen, trockentupfen, enthäuten, mit zerdrückten Wacholderbeeren, Salz und Pfeffer einreiben. Die Fleischseite mit den Speckscheiben belegen.

Den Backofen auf 250 °C vorheizen. Das Butterschmalz in der Bratenpfanne erhitzen und den Rehrücken hineinlegen. Die Hitze nach einigen Minuten etwas reduzieren und 20 bis 30 Minuten braten. Mehrmals mit Bratenfett begießen. Das Fleisch sollte innen noch rosig sein. Den Rehrücken mit Aluminiumfolie umwickeln und im geöffneten, abgeschalteten Ofen 10 Minuten ruhen lassen.

Währenddessen die Birnen schälen, halbieren, vom Kernhaus befreien, in Zuckerwasser halb weich kochen und mit Preiselbeerkonfitüre füllen. Die Sauce erhitzen, Crème fraîche unterrühren und abschmecken.

Den Speck vom Rehrücken entfernen, das Fleisch vom Knochen lösen, schräg in dicke Scheiben schneiden (siehe S. 44) und wieder auf den Knochen zurücklegen.

Auf eine vorgewärmte Platte geben und mit den Birnen garnieren. Zu diesem Klassiker der Wildküche passen Spätzle und ein badischer Rotwein.

Rehrücken nach Braumeisterart

1 Rehrücken, ca. 1,5 kg
Für die Beize:
2 Möhren, 1 Petersilienwurzel
1 großes Stück Knollensellerie
2 Zwiebeln, 6 Wacholderbeeren, 1 Lorbeerblatt
1 TL getrockneter Thymian, 8 schwarze Pfefferkörner
2 TL Salz, ½ Liter Wasser, ¾ Liter Bockbier

200 g Bauchspeck, 2 EL Bratfett
200 g saure Sahne, evtl. 1 EL Speisestärke

Den Rehrücken waschen, trockentupfen und enthäuten. Für die Beize Möhren, Petersilienwurzel und Sellerie putzen, schälen und klein schneiden. Die Zwiebeln abziehen und würfeln. Das Gemüse mit den Gewürzen in einem großen Topf oder Bräter mit dem Wasser und ½ Liter Bier aufkochen und etwa 30 Minuten weiter köcheln lassen.

Nach dem Abkühlen das restliche Bier zugießen, den Rehrücken einlegen und zugedeckt an einem kühlen Ort 2 Tage ziehen lassen.

Den Rehrücken aus der Beize nehmen und abtrocknen. Das Gemüse durch ein Sieb passieren und beiseite stellen. Den Backofen auf 180 °C vorheizen. Den Bauchspeck klein schneiden, im erhitzten Bratfett goldgelb werden lassen, dann den Rehrücken darin von allen Seiten anbraten. Das Fleisch herausnehmen und den Bratfond mit etwas Beize ablöschen. Das Gemüse zugeben und 5 Minuten kochen lassen. Den Rehrücken darauf legen und alles im vorgeheizten Backofen 1 Stunde schmoren, dabei ab und zu mit dem Bratfond und ein wenig von der restlichen Beize übergießen. Das Fleisch von den Knochen lösen, schräg aufschneiden, anrichten und warm halten.

Den Bratfond durch ein Sieb passieren, falls nötig noch etwas Beize zugeben, aufkochen lassen und mit der Sahne binden. Wer die Sauce etwas sämiger mag, kann sie mit Speisestärke eindicken. Mit Spätzle servieren.

Spätzle-Grundrezept:
250 g Mehl, 2 Eier, Salz

Mehl mit Eiern, Salz und etwa 100 ml Wasser zu einem glatten Teig schlagen, bis er Blasen wirft. Den Teig 15 Minuten ruhen lassen, dann von einem mit Wasser benetzten Spätzlebrett mit einem Spätzleschaber, einem großen Messer oder einer Palette in kochendes Salzwasser schaben.

Rehleberspätzle

Eigentlich entspricht dieses Spätzlerezept dem schwäbischen Klassiker. Über den Umweg Leberspätzle kamen wir auf die Variante Rehleberspätzle, weil es sich anbietet, aus der in der Größe ausreichenden Rehleber ein eigenständiges Gericht zu bereiten – das dann gegebenenfalls auch mit einem großen grünen Salat als Hauptmahlzeit dient.

250 g Rehleber (ersatzweise Rinds- oder Kalbsleber)
1½–2 Zwiebeln, 1 Zweig Petersilie
250 g Mehl, 2 Eier
Salz, geriebene Muskatnuss, 1 Msp. Majoran, Pfeffer
etwas Wasser, 1 EL Butter

Die Leber falls nötig von allen zähen Teilen befreien und fein hacken. Die Zwiebeln abziehen und würfeln. Die Petersilie waschen, trockenschwenken, die Blättchen von den Stielen zupfen und hacken. Aus den Zutaten außer der Butter einen festen, glatten Spätzleteig herstellen. Gegebenenfalls noch etwas Wasser unterarbeiten. Den Teig so lange schlagen, bis er Blasen wirft.

Einen großen Topf Salzwasser zum Sieden bringen. Einen weiteren Topf Salzwasser zum Warmhalten der fertigen Spätzle vorbereiten; dieses Wasser darf nicht kochen. Ein Spätzlebrett mit Wasser benetzen und einen Teil des Teiges auf das nasse Brett streichen. Mit einem speziellen Teigschaber oder einem großen Messer schmale Streifen in das kochende Salzwasser schaben. Die Spätzle ein paar Mal aufkochen lassen, dann mit einem Schaumlöffel herausnehmen und in dem zweiten Topf in heißem Salzwasser schwenken. Die fertigen Spätzle warm stellen. Zuletzt das Ganze in erhitzter Butter schwenken.

Rehkeule

Rehe sind unter dem jagdbaren Wild in Deutschland oder sogar Mitteleuropa sicher die am häufigsten vorkommenden Tiere. Da sie sich aber meisterhaft verstecken können – wie jeder aufmerksame Spaziergänger bestätigen kann, merkt man in der freien Natur gar nicht viel von ihrer millionenfachen Verbreitung. Feinschmeckern kommt zugute, dass Rehe selbst als ausgesprochene Leckermäuler gelten: Ihre Nahrung besteht aus weit mehr als 100 Kräutern und Gräsern.

1 Rehkeule (etwa 2,5 kg)
200 g Speck in dünnen Scheiben
Salz, weißer Pfeffer
1 große Scheibe fetter Speck, Bratfett
1 Möhre, 1 Zwiebel, 150 g Knollensellerie
1 Petersilienwurzel, 1 Bund Petersilie
getrockneter Thymian, 1 Lorbeerblatt
2 Pimentkörner, 5 Wacholderbeeren
½ Liter Milch
⅛ Liter süße Sahne
250 g saure Sahne

Die Rehkeule abwaschen und trockentupfen. Die Speckscheiben in dünne Streifen schneiden, die Rehkeule damit spicken. Mit Salz und Pfeffer einreiben und mit der dicken Speckscheibe bardieren (umwickeln). Die Keule im erhitzten Fett von allen Seiten anbraten.

Das Gemüse waschen, putzen, schälen und klein schneiden. Die Petersilie waschen, trockenschwenken, die Blättchen von den Stielen zupfen und hacken, etwas für die Garnitur zurückbehalten. Alle Gemüse, Kräuter und Gewürze zur Keule geben. Die Milch zugießen und den Braten 2½ Stunden zugedeckt im Backofen bei 180 bis 200 °C schmoren. Danach die Keule warm stellen und die Garflüssigkeit durch ein Sieb gießen. Etwas einkochen lassen und mit süßer sowie saurer Sahne verfeinern und nochmals abschmecken.

Sehr gut schmecken dazu Pilze und Preiselbeeren, etwas ausgefallener ist eine Sahnesauce mit Ziegenkäse.

Frischlingskeule auf Apfelweinsauce

Zutaten für 6 Personen
Für die Apfelweinsauce:
500 g Wildknochen, 35 g Butterschmalz
1 Zwiebel, 2 Möhren
½ Sellerieknolle, ½ Stange Lauch (Porree)
2 Nelken, 2 Lorbeerblätter
2 EL Tomatenmark, 400 ml Apfelwein
Salz, Pfeffer, Zucker
Speisestärke nach Belieben
Für die Keule:
1 ausgelöste Frischlingskeule von etwa 1,5 kg
(Knochen für die Sauce verwenden)
Salz, Pfeffer
100 g Fett zum Anbraten
1 TL gehackter Rosmarin
2 Äpfel, 50 g Butter, Zucker
4 EL Apfelwein

Für die Sauce die Wildknochen klein hacken und in dem Butterschmalz kräftig anbraten. Die Gemüse putzen, schälen und klein schneiden, mit den Gewürzen zu den Knochen geben und mitrösten. Das Tomatenmark zugeben, 2 Minuten mitdünsten lassen und mit dem Apfelwein ablöschen.

Die Sauce einkochen lassen und mit 400 ml Wasser auffüllen. Die Sauce etwa ½ Stunde kochen lassen, danach durch ein Sieb passieren. Mit Salz, Pfeffer und Zucker abschmecken und, falls nötig, mit in Wasser glatt gerührter Stärke etwas binden.

Den Backofen auf 200 °C vorheizen. Die Frischlingskeule mit Salz und Pfeffer würzen und in heißem Fett von beiden Seiten in einem Bräter anbraten. Die Keule für etwa 20 Minuten im vorgeheizten Ofen weitergaren, mit dem Rosmarin bestreuen und in weiteren 10 Minuten fertig garen.

Die Äpfel schälen, Kerngehäuse entfernen, die Früchte achteln. Mit Butter, Zucker und dem Apfelwein in einer Pfanne kurz erhitzen. Der Apfelwein soll verkochen und die Apfelspalten sollen glasiert werden.

Die Frischlingskeule in Scheiben schneiden, die Sauce auf Tellern anrichten, mit Fleischscheiben belegen und mit den glasierten Äpfeln umlegen.

Dazu passen gebratene Petersilienwurzeln und Spätzle oder zur Abwechslung – wie es der Herkunft des Rezepts, dem Odenwald und seiner Nähe zu Franken, entspricht – Kartoffelklöße nach einem fränkischen Rezept.

Fränkische Klöße

Zutaten für 6 Klöße
1 kg Kartoffeln, ⅛ Liter Milch
Salz, geriebene Muskatnuss
etwa 200 g Kartoffelmehl, 1 Ei
3 Scheiben Weißbrot, 2 EL Butter
etwa 2 EL Mehl für die Hände

Die Kartoffeln waschen und in der Schale in etwa 30 Minuten weich kochen, dann pellen und noch heiß durch die Kartoffelpresse drücken. Die Milch zum Kochen bringen. Die Kartoffeln mit Salz und etwas Muskatnuss würzen, die kochend heiße Milch darüber geben. Leicht abkühlen lassen und mit dem Kartoffelmehl und dem Ei zu einem glatten Teig verarbeiten und gut abschmecken.

Das Weißbrot in Würfel schneiden und in der Butter goldbraun rösten. Aus dem Teig eine Rolle formen, gleichmäßige Teile abschneiden und mit bemehlten Händen Klöße drehen. In die Mitte 2 bis 3 geröstete Brotstücke drücken. Die Klöße in kochendes Salzwasser gleiten lassen und 20 Minuten gar ziehen lassen. Vorsichtshalber einen Probekloß zubereiten.

TIPP: Übrig gebliebene Klöße in Scheiben geschnitten und in Butter gebraten geben mit frischen Salaten eine eigenständige kleine Mahlzeit.

Frischlingskeule mit Backpflaumen

150 g fetter Speck, 1 Frischlingskeule

Salz, weißer Pfeffer

40 g Bratfett, z. B. Schweine- oder Butterschmalz

3–4 Pimentkörner

½ Liter Wildbrühe (s. S. 52), ½ Liter dunkles Bier

500 g entsteinte (Kur-)Backpflaumen

100 g Crème fraîche

Den Speck in gleich lange Stifte schneiden und die Frischlingskeule damit spicken. Mit Salz und Pfeffer einreiben, im gut erhitzten Bratfett in einem Bräter anbraten. Die Pimentkörner zerdrücken und zufügen. Mit Wildbrühe aufgießen. Die Keule im Backofen bei 220 °C 1 Stunde garen. Nach 20 Minuten das Bier und nach 45 Minuten die Backpflaumen zugeben.

Die Keule aus dem Ofen nehmen und warm stellen. Crème fraîche in die Garflüssigkeit einrühren, etwas einkochen lassen und eventuell nachwürzen. Die Keule aufschneiden, die Sauce separat dazu servieren.

Zur Frischlingskeule auf norddeutsche Art passen Schmoräpfel mit Preiselbeeren gefüllt und Rotkohl mit Kartoffelklößen.

Kartoffelklöße

Zutaten für 8–12 Klöße

2 kg Kartoffeln, mehlig kochend, Salz

¼ Liter Milch, 5 Scheiben Weißbrot, 3 EL Butter

Speisestärke nach Bedarf

Die Kartoffeln waschen. 500 g davon in der Schale etwa 30 Minuten kochen, pellen und heiß durchpressen. Die restlichen rohen Kartoffeln schälen und fein reiben, in einem Leinensäckchen fest auspressen. Die Flüssigkeit auffangen, die Stärke absetzen lassen. Rohe und gekochte Kartoffeln vermischen und salzen. Die Milch zum Kochen bringen. Die Kartoffeln mit der kochend heißen Milch übergießen und einen Teil der abgesetzten Stärke dazugeben. Das Ganze zu einem glatten Teig verarbeiten. Das Weißbrot in Würfel schneiden und in der Butter goldbraun rösten. Aus dem Teig mit nassen Händen Klöße formen und in die Mitte jeweils einige geröstete Brotwürfel geben. Einen Probekloß kochen und den Teig bei Bedarf noch mit etwas Speisestärke binden. Die Klöße in leicht kochendem Salzwasser etwa 20 Minuten gar ziehen lassen, dabei den Deckel nur halb auflegen.

Wildschweinrücken Sachsenwälder Art

1,2 kg Wildschweinrücken
Salz, schwarzer Pfeffer, 6 Wacholderbeeren
2 Pimentkörner, 2 Korianderkörner
80 g fetter Räucherspeck in dünnen Scheiben
2 Zwiebeln, 40 g Butterschmalz
½ Liter Fleischbrühe, 4 cl Gin
120 g saure Sahne, Saft von 1 Zitrone
3 EL Apfelmus

Von dem Fleischstück das überschüssige Fett entfernen und den Rücken mit Salz, grob gemahlenem schwarzem Pfeffer und den zerdrückten Wacholderbeeren, Piment- und Korianderkörnern rundum einreiben. Danach mit den Speckscheiben belegen.

Den Backofen auf 180 bis 190 °C vorheizen. Die Zwiebeln abziehen und in Scheiben schneiden. Butterschmalz in einem Bräter erhitzen. Den Wildschweinrücken hineingeben und anbraten. Nach einigen Minuten die Zwiebeln zufügen und kurz auf dem Herd weiterbraten. Mit gut ⅛ Liter Brühe ablöschen und dann im vorgeheizten Backofen in etwa 1¼ Stunden fertig garen. Bei Bedarf zwischendurch etwas Brühe zugießen. Das Fleisch nicht zu lange im Ofen lassen, es darf innen noch zart rosa bleiben.

Sobald der Wildschweinrücken gar ist, aus dem Bräter nehmen, auf den Rost im Backofen legen. Den Bräter mit dem Bratenfond darunter stellen und die Speckscheiben entfernen. Den Rücken mit dem Gin übergießen und bei starker Oberhitze gut braun werden lassen.

Wenn der Rücken ausreichend gebräunt ist, aus dem Ofen nehmen, in Alufolie einschlagen und einige Minuten ruhen lassen.

In der Zwischenzeit den Bratenfond mit der Brühe, der sauren Sahne und Zitronensaft aufkochen. Fond durch ein Sieb in einen Topf passieren, mit Salz und Pfeffer abschmecken. Kurz vor dem Servieren das Apfelmus einrühren.

Den Rücken tranchieren und auf einer vorgewärmten Platte anrichten, die Sauce getrennt reichen.

Als Beilage passen beispielsweise kleine Kartöffelchen oder die Weinkartoffeln (rechts) und gedünsteter Rosenkohl.

Gebratene Weinkartoffeln

Diese originelle Variante, Kartoffeln zu braten, stammt aus der Rheinpfalz. Nicht direkt ein Arme-Leute-Essen, aber doch für Zeiten gedacht, wenn das Geld knapp wurde und man von Vorräten leben musste, ist das Hauptmerkmal die Zubereitung in drei Stufen. So haben die Kartoffeln Zeit genug, sich geschmacklich intensiv mit dem Wein zu echten *Woi-Grumbeere* zu verbinden. Und hat man gerade mal kein Wildschwein parat, tut es ja auch ein anderes – oder gar kein Fleisch, sondern ein Salat: Fertig ist das Hauptgericht.

1 kg Kartoffeln, 2 Zwiebeln
60 g Schweine- oder Butterschmalz
100 ml Weißwein, 150 ml Fleischbrühe
1 Lorbeerblatt
Salz, weißer Pfeffer

Die Kartoffeln waschen, schälen und in möglichst dünne Scheiben schneiden. Die Zwiebeln abziehen und in Würfel schneiden, in einer Pfanne im Schmalz goldgelb braten. Die Kartoffelscheiben zufügen und unter regelmäßigem Wenden in etwa 12 Minuten von allen Seiten knusprig braten.

Wein und Fleischbrühe angießen und das Lorbeerblatt dazugeben. Die Pfanne zudecken und die Weinkartoffeln 25 Minuten weich dünsten.

Mit Salz und Pfeffer würzen, aufgedeckt noch einmal 10–12 Minuten garen, bis der größte Teil der Flüssigkeit verdampft ist. Das Lorbeerblatt entfernen und servieren.

Wildschweinkeule

Zutaten für 5–6 Personen
Für die Marinade:
1 Zwiebel, 1 Knoblauchzehe
1 Stange Staudensellerie, 1 Möhre
1½ TL getrocknete Kräuter wie
Thymian, Majoran, Oregano, 1 Lorbeerblatt
½ Liter Weißwein
8 EL Olivenöl
1,5 kg Wildschweinkeule
Für den Braten:
2 Zwiebeln
1 Petersilienwurzel
1 Möhre, 1 Stück Sellerieknolle
Salz, schwarzer Pfeffer
70 g Butter
⅛ Liter guter Rotwein
1 Lorbeerblatt, 4–5 Wacholderbeeren
4 schwarze Pfefferkörner
1 EL Mehl
6 EL saure Sahne
1 EL Johannisbeergelee

Für die Marinade die Gemüse waschen, putzen und zerkleinern. In eine genügend große Schüssel geben, Kräuter, Weißwein und Olivenöl zufügen. Die Wildschweinkeule hineingeben und 12 Stunden darin marinieren, gelegentlich wenden. Marinade beiseite stellen.

Die Gemüse zum Schmoren vorbereiten und klein schneiden. Das Fleisch herausnehmen und trockentupfen. Mit Salz und Pfeffer einreiben. 50 g Butter in einem Topf erhitzen und die Keule darin von allen Seiten anbraten. Das Gemüse zufügen, kurz weiterbraten und mit dem Rotwein und ⅛ Liter durchgeseihter Marinade ablöschen. Lorbeerblatt und zerdrückte Wacholderbeeren sowie Pfefferkörner zufügen. Etwa 1½ Stunden im auf 200 °C vorgeheizten Backofen schmoren.

Die Wildschweinkeule herausnehmen und warm stellen. Die Schmorflüssigkeit durch ein Sieb passieren. Die restlichen 20 g Butter mit dem Mehl verkneten und in die Schmorflüssigkeit rühren. Einige Minuten köcheln lassen. Mit saurer Sahne, Johannisbeergelee, Salz und Pfeffer abschmecken. Die Sauce zu der Wildschweinkeule servieren. Wer Wein zu diesem charaktervollen Wildgericht mag: Es darf gerne der gleiche gute Rotwein sein, der zum Kochen genommen wurde.

Pfälzer Cognacquitten

Große Teile der Pfalz darf man mit Fug und Recht als klimatisch begünstigte Region bezeichnen: Es gedeiht guter Wein, Esskastanien wachsen hier mit am weitesten nördlich der Alpen, vom Obst- und Gemüseanbau leben außer vom Wein nicht wenige Betriebe. Und die weitläufigen Wälder des angrenzenden Pfälzer Walds bieten manchem Wild Raum zum Leben. Also alles beieinander, was in einer Regionalküche kräftige Akzente setzen kann. So hat es eigentlich nicht ausbleiben können, dass in irgendeiner Pfälzer Küche die Idee für diese exquisite Art Quitten erdacht und in die Tat umgesetzt worden ist.

2 kg Quitten
500 g Zucker
500 g Honig
etwa 50 ml guter Weinessig
¾ Liter Wasser
⅛ Liter Cognac

Die Quitten schälen, entkernen, vierteln und in gleichmäßige Scheiben schneiden. Zucker, Honig, Essig und Wasser in einen Topf geben und aufkochen lassen. Die Quittenscheiben dazugeben und auf kleiner Flamme 20 bis 30 Minuten ziehen lassen.

Die Früchte herausnehmen und in Gläser schichten. Den Saft weiterkochen lassen, bis er dicklich ist. Wenn der Saft abgekühlt ist, den Cognac zugießen, verrühren, den Saft über die Früchte gießen. Die Gläser mit geeignetem Verschluss oder Deckel zur Aufbewahrung verschließen.

Mit ihrem ausgeprägten Geschmack bereichern die Quitten Wild, jeden anderen Braten und auch Suppenfleisch.

Hasenrücken nach Art der Provence

1 Hasenrücken
Für die Beize:
½ Liter Rotwein
2 EL Olivenöl
2 EL Kräuteressig
1 Zwiebel
1 Knoblauchzehe
2 Möhren
4 Pfefferkörner
Salz
1 Lorbeerblatt
je 1 Zweig Thymian, Rosmarin, Salbei und Bohnenkraut
50 g Speck
3 EL Olivenöl
etwas Mehl
⅛ Liter süße Sahne oder 125 g Crème fraîche
2 cl Cognac
nach Geschmack 1 Orange

Den Hasenrücken küchenfertig vorbereiten und enthäuten.

Für die Beize alle flüssigen Zutaten vermischen. Zwiebel und Knoblauch abziehen und klein hacken, Möhren putzen, falls nötig schälen, klein schneiden. Pfefferkörner, etwas Salz, Lorbeerblatt und die Kräuter in die Beize geben. Den Hasenrücken darin 24 Stunden marinieren.

Den Hasenrücken herausnehmen, abtropfen lassen und sorgfältig trockentupfen. Die Beize durch ein Sieb passieren und beiseite stellen.

Den Speck in Streifen schneiden. Das Olivenöl in einem Bräter erhitzen, den Speck darin anbräunen, den Hasenrücken hineinlegen und im Backofen bei 220 °C etwa 40 Minuten braten. Gelegentlich Beize zugießen.

Den fertig gebratenen Hasenrücken aus dem Bräter nehmen, den Bratfond mit Beize ablöschen und mit Mehl und Sahne oder Crème fraîche binden.

Die Filets vom Hasenrücken lösen, wieder an die Knochen legen und das Ganze in eine Flambierpfanne legen. Mit erwärmtem Cognac flambieren. Anschließend mit Sauce übergießen.

Wer mag, garniert mit Orangenfilets: Orange außen schälen und innen die feine Haut der Fruchtfilets entfernen. Als Beilage eignen sich Kartoffelkroketten.

Dippehas

Pfälzischer „Dippehas" heißt in anderen Regionen „Has im Topf". Entscheidend für den guten Geschmack ist die lange Schmorzeit, mehr eine optische Sache das Gargefäß. Wer keinen irdenen Topf besitzt, nimmt einen anderen, zum Schmoren geeigneten – und stellt ihn einfach auf den Tisch, damit das Gericht nicht durch Umfüllen unnötig auskühlt.

Zutaten für 6 Personen
400 g Schweinebauch
oder 200 g Schweinebauch und 200 g Schweinenacken
3 EL Öl, 1½ EL Butter
5 Zwiebeln, 2 Knoblauchzehen
1 Hase in etwa 10 küchenfertige Stücke zerlegt
Salz, Pfeffer
½ Liter Rotwein, ⅛ Liter Fleischbrühe
4 Möhren, ¼ Sellerieknolle
3 Lorbeerblätter
6–10 Wacholderbeeren
3 Nelken, 3 Pimentkörner
schwarzer Pfeffer
1 Scheibe Schwarzbrot

Das Schweinefleisch grob würfeln. Die Zwiebeln und den Knoblauch abziehen. Die Zwiebeln würfeln, den Knoblauch sehr fein schneiden oder zerdrücken. Das Öl in einem weiten Topf erhitzen und die Butter zufügen. Das Schweinefleisch darin anbraten. Die Zwiebeln und den Knoblauch zugeben. Die Hasenteile salzen, pfeffern, mit in den Topf geben und ebenfalls von allen Seiten anbraten. Mit Rotwein und Fleischbrühe ablöschen.

Alles in einen – wenn möglich irdenen – Schmortopf umfüllen. Möhren und Sellerie waschen, putzen und schälen, in Stifte schneiden, zusammen mit den Gewürzen und fein zerbröseltem Schwarzbrot zum Fleisch geben. Reichlich 1¾ Stunden im Backofen bei 180 °C gut verschlossen schmoren lassen.

Den Dippehas im Topf servieren. Als Beilagen passen breite Bandnudeln und Rotkohl.

Bäuerlicher Kaninchenbraten

Auch der italienische Begriff für dieses Tessiner Gericht – *Arrosto di coniglio alla contadina* – legt eines nahe: Früher wurde das Wissen um die richtige Zubereitung sorgsam von Generation zu Generation weitergegeben. Wir entfernen uns von diesem Grundsatz gründlich, Gutes für uns zu behalten, und verraten es hier einfach.

1 küchenfertiges Wildkaninchen von etwa 1,5 kg
Salz, Pfeffer
Paprikapulver, edelsüß oder rosenscharf
50 g Butterschmalz, 100 g Bauchspeck
100 ml Weißwein
100 ml Wildgeflügelbrühe (s. S. 50/51)
oder Geflügelbrühe
2 Wacholderbeeren
je 1 Zweig Rosmarin, Thymian und Majoran
100 ml Marsala (Dessertwein)

Das Wildkaninchen in gleichmäßige Stücke zerteilen und mit Salz, Pfeffer und Paprika würzen. Das Butterschmalz in einer Kasserolle zergehen lassen, die Kaninchenstücke darin anbraten, den Speck würfeln, beifügen und mitbraten. Mit Weißwein ablöschen, (Wild-)Geflügelbrühe sowie Wacholderbeeren und Kräuter zufügen. Im Ofen etwa 30 Minuten zugedeckt schmoren, dabei öfters mit dem Fond übergießen. Mit Marsala verfeinern und im Ofen 20 Minuten weiter garen lassen.

Gut passt zu diesem Tessiner Gericht ein Risotto mit Safran oder Wildkräutern, aber auch eine Polenta (s. S. 88).

Wildkaninchen nach Art von Reggio

Für die Marinade:
6 Salbeiblätter
6 Wacholderbeeren
2 Knoblauchzehen
8 EL Rotweinessig
10 EL natives Olivenöl extra
1 EL Rosmarinnadeln
3 Lorbeerblätter
Salz, schwarzer Pfeffer
½ Liter Weißwein
Für den Braten:
1 küchenfertiges Wildkaninchen
1 Zwiebel
2 Stangen Staudensellerie
Cayennepfeffer
⅛ Liter trockener Weißwein
1 Rosmarinzweig, 3 Salbeiblättchen

Für die Marinade die Salbeiblätter in Streifen schneiden, die Wacholderbeeren zerdrücken, den Knoblauch abziehen und halbieren. Diese drei Zutaten sowie Weinessig, Olivenöl, Rosmarinnadeln, Lorbeerblätter, Salz, Pfeffer und den Weißwein mit einer Gabel gut vermischen.

Das Wildkaninchen zerlegen, waschen, trockentupfen, die Teile für etwa 6 bis 8 Stunden in die Marinade legen, dabei immer wieder Marinade über das Fleisch gießen.

Die Zwiebel abziehen und grob hacken, den Sellerie waschen, putzen und in etwa 1 cm lange Stücke schneiden. Etwa die Hälfte der Marinade in einen Keramik- oder Gusseisentopf gießen, Zwiebel und Sellerie zufügen. Das Kaninchenfleisch ebenfalls in den Schmortopf legen, mit einem Deckel abdecken und den Braten bei etwa 180 bis 190 °C gut 1 Stunde schmoren. Dann den Deckel abnehmen, die Temperatur etwas erhöhen und das Fleisch goldfarbig bräunen.

Vorsichtig mit Cayennepfeffer dem Gericht noch etwas Schärfe verleihen. Die eingekochte Bratensauce mit etwas Weißwein verflüssigen, gut durchrühren, mit Rosmarinzweig und Salbeiblättchen garnieren und anrichten. Dazu schmeckt heiße, weiche Polenta (s. S. 88).

Fasan in Weinblättern

Noch ein Rezept aus der Pfalz, was den Schluss nahe legt, dass die Region zu den kulinarisch anregendsten in Deutschland zählt. Was Wunder bei diesen natürlichen Reichtümern! Nicht zu vergessen: Von den Nachbarn nimmt man in der Regel immer gerne Einflüsse auf, wenn sie einem zusagen. Wir nennen nur Baden, Elsass, Lothringen – alle mit Regionalküchen, die gewiss nicht zu den schlechtesten zählen.

Zutaten für 5–6 Personen
2 küchenfertige Fasane
Salz
Pfeffer (weiß oder schwarz)
1 Knoblauchzehe
1–2 Msp. getrockneter Thymian
2–3 Msp. Majoran
1 großer Boskop-Apfel
150–200 g Speck in 2 großen dünnen Scheiben
grüne Weinblätter
50–60 g Butter oder Butterschmalz

Die Fasanen waschen, trockentupfen, innen und außen salzen und pfeffern. Den Knoblauch abziehen und sehr fein schneiden oder besser zerdrücken. Die Fasanen innen zusätzlich mit Knoblauch, Thymian und Majoran würzen. Den Apfel waschen, trockenreiben und so schneiden, dass je 2 Scheiben in den Bauch der Fasane passen. Jeden Fasan in eine große Speckscheibe wickeln. Die Weinblätter gut abwaschen, trockentupfen und als äußere Hülle des Bratens mit Küchengarn festbinden.

In einer Kasserolle Butter oder Butterschmalz erhitzen, die Fasanen ringsum anbraten. Anschließend im Backofen bei 170–180 °C in etwa 45 Minuten fertig braten.

Gut schmecken zu dieser aparten Art Fasan Weinkraut, Kartoffel- oder Semmelklöße, aber auch Kroketten (s. S. 82, 88, 120, 122).

Getrüffelter Fasan

Es heißt, viele Toskaner seien leidenschaftliche Jäger. Recht schwierig soll es allerdings auch sein, in den weit verbreiteten unübersichtlichen Ginsterheiden und Buschwäldern überhaupt Wild zu Gesicht zu bekommen. So bekommt der erfolgreiche Abschluss mancher Jagd in der Toskana einen besonderen Stellenwert, Anlass genug, mit einer der edelsten toskanischen Naturgaben zu kombinieren – zum *Fagiano tartufato*.

100 g weißer Speck von einem Schinkenstück
20 g Butterschmalz
1 junger küchenfertiger Fasan mit Leber
1 weißer walnussgroßer Trüffel
2 Wacholderbeeren
weißer Pfeffer
4 Scheiben roher (nicht geräucherter) Bauchspeck
Salz
6 EL Olivenöl
2 Knoblauchzehen
½ Bund Salbei
1 Gläschen (4 cl) Grappa

Den Speck klein schneiden. Das Butterschmalz erhitzen und die Fasanenleber kurz darin anbraten, herausnehmen und fein hacken. Den Trüffel mit einem Pinsel säubern und fein hobeln. Mit Leber, Speck, den zerdrückten Wacholderbeeren, etwas frisch gemahlenem weißem Pfeffer vermengen und damit den Fasan füllen.

Den Fasan in einer zugedeckten Porzellan- oder Glasschüssel an einem kühlen Ort über Nacht ruhen lassen, damit das Trüffelaroma sich ausbreiten kann.

Vor dem Braten die Fasanenbrust mit den dünnen Bauchspeckscheiben bedecken und mit Küchengarn festbinden. Den Fasan außen leicht salzen und pfeffern und in einen Bräter setzen. Mit dem Olivenöl beträufeln, die Knoblauchzehen abziehen und 3 bis 4 Salbeiblätter zufügen. Im vorgeheizten Backofen bei etwa 160 °C gut 30 Minuten braten.

Den Grappa angießen, die Hitze etwas erhöhen und noch 15 Minuten bräunen. Den Fasan mit den Speckscheiben servieren und mit Salbei garnieren.

Rebhuhn in Grünkohl

4 küchenfertige Rebhühner, Salz, 60 g Bratfett
200 g Räucherspeck, 1 Grünkohl (800 g)
150 g Räucherwurst, 50 g Butter, 200 g Suppengrün (Möhre, Petersilienwurzel, Knollensellerie, evtl. Lauch)
2 Zwiebeln

Die bratfertigen Rebhühner innen und außen salzen und im vorgeheizten Backofen bei 220 °C in Bratfett 10 bis 15 Minuten braten. Den Speck in Scheiben schneiden und in etwas Fett knusprig braten. Den Grünkohl vierteln, die Strünke ausschneiden und in Salzwasser in etwa 15 Minuten halb weich kochen. Die Räucherwurst in Scheiben schneiden und bereithalten. Eine Kasserolle buttern, die Hälfte des Kohls einlegen. Die Rebhühner halbieren, auf den Kohl Rebhuhnhälften legen, mit Speckscheiben und Räucherwurstscheiben abdecken. Das Suppengrün waschen, putzen, schälen, in feine Stifte schneiden. Die Zwiebeln abziehen und fein schneiden, alles Gemüse über Rebhuhn und Speck verteilen. Eine zweite Lage Grünkohl schließt das Gericht ab. Das restliche Fett vom gebratenen Speck mit etwas Wasser auffüllen und über den Kohl gießen. Kurz aufkochen lassen und im Backofen bei 200 °C etwa 50 Minuten schmoren.

Variante: Gefüllte Rebhühner
Für die Füllung:
50 g entrindetes Weißbrot
knapp ⅛ Liter Wildgeflügelbrühe (s. S. 50/51)
200 g Pilze, 1 Zwiebel, 50 g durchwachsener Speck
2 Zweige Petersilie, 1 EL Olivenöl, 1 EL Schmalz
Salz, Pfeffer
je 2 Msp. getrockneter Thymian und Majoran
1 Eigelb, 2 EL Butterschmalz, ¼ Liter Wildbrühe

Das Brot mit der heißen Brühe übergießen. Die Pilze putzen und klein schneiden. Die Zwiebel abziehen und hacken. Den Speck würfeln. Die Petersilie waschen, trockentupfen, die Blättchen von den Stielen zupfen und hacken. Das Öl in einem weiten Topf erhitzen. Das Schmalz zufügen. Die Zwiebel darin glasig dünsten. Die Pilze und den Speck zufügen. Mit Salz, Pfeffer, Thymian und Majoran würzen. So lange dünsten, bis alle Flüssigkeit verkocht ist. Vom Herd nehmen, etwas abkühlen lassen. Die Petersilie, das Brot und das Eigelb zufügen. – Wer die Rebhühner damit füllt, kann dafür die Hälfte des Specks und die Räucherwurst weglassen. Das Butterschmalz erhitzen, die Rebhühner darin anbraten und mit der Wildbrühe ablöschen. Im vorgeheizten Backofen bei 200 °C 45–50 Minuten schmoren lassen.

Gefüllte Wachteln mit Trauben

4 küchenfertige Wachteln mit Lebern
Für die Füllung:
1 Schalotte, 20 g Butter
50 g Weißbrot
anstelle der Lebern der Wachteln 50 g Geflügelleber
1 EL Cognac
100 g Geflügelfleisch
1 Ei, Salz, Pfeffer, getrockneter Thymian
50 g Foie gras (Gänseleber)
Zum Braten:
50 g Butter, Salz, Pfeffer
100 ml Weißwein
250 g weiße und blaue Trauben

Darauf achten, dass die Haut der Wachteln (beim Ausnehmen) unverletzt geblieben ist, auch am Hals.

Für die Füllung die Schalotte abziehen, fein hacken und in 1 Esslöffel Butter anziehen lassen. Das Brot in etwas Wasser einweichen und gut ausdrücken. Schalotte, Brot, Lebern und Cognac in den Mixer geben und pürieren. Das Geflügelfleisch grob hacken, das Ei verquirlen, beides zum Püree mischen und mit Salz, Pfeffer und Thymian würzen. Mit dieser Masse die Wachteln locker füllen. Die Gänseleber in 4 Stücke schneiden und je 1 in die Mitte der Füllung stecken.

Die Wachteln mit Küchenfaden zunähen. Die Hälfte der Butter in einer Kasserolle im Ofen bei 220 °C erhitzen. Die Wachteln darin von allen Seiten anbraten. Mit Salz und Pfeffer bestreuen. Mit gebuttertem Pergamentpapier bedecken und 15 Minuten weiterbraten.

Aus dem Ofen nehmen und warm stellen. Den Faden entfernen. Den Bratenfond mit dem Weißwein stark aufkochen. Die Trauben waschen, trockentupfen und in der restlichen Butter rasch anziehen lassen. Zu den Wachteln geben.

Den Bratensaft separat servieren oder über die tranchierten Wachteln verteilen.

Variante 1: Füllung mit Sahne und Trüffel

150 g Geflügelfleisch (Reste)
1 Scheibe Weißbrot, 3 EL süße Sahne
je 1 Zweig frischer Thymian und Majoran
1 Stück Trüffel von etwa 12 g, 1 Ei
Salz, weißer Pfeffer

Das Fleisch zweimal durch die feine Scheibe des Fleischwolfs drehen. Das Weißbrot entrinden und in der Sahne aufkochen. Das Fleisch und die Brotmasse in eine Schüssel geben. Die Kräuter waschen, trockenschütteln und fein hacken. Die Trüffel fein würfeln und mit den Kräutern und dem Ei zufügen. Mit Salz und Pfeffer würzen und gut durcharbeiten.

Variante 2: Mediterrane Geflügelfüllung

Zutaten für 4 Rebhühner oder 6–7 Wachteln
1 Zwiebel, 1 Knoblauchzehe
40 g durchwachsener Speck, 175 g Pilze
½ Bund Petersilie, je 1 Zweig Thymian und Majoran
2½ EL Olivenöl, 20 g Paniermehl
25 g gemahlene Mandeln
Salz, schwarzer oder weißer Pfeffer

Die Zwiebel und den Knoblauch abziehen, die Zwiebel hacken, den Knoblauch zerdrücken. Den Speck fein würfeln. Die Pilze putzen und klein schneiden. Die Kräuter waschen, trockentupfen, die Blättchen von den Stielen zupfen und hacken. Das Öl in einem Topf erhitzen. Die Zwiebel darin andünsten. Speck, Pilze und Knoblauch zufügen. 10 Minuten dünsten lassen und vom Herd nehmen. Paniermehl und Mandeln mischen und zufügen, ebenso die Kräuter. Mit Salz und Pfeffer würzen. Nach dem Abkühlen die Rebhühner oder Wachteln damit füllen, zunähen oder -stecken.

Gebratene Wildenten

Süßsaure Saucen und Beilagen haben Tradition unter anderem in der nord- und ostdeutschen, der nordspanischen sowie der chinesischen Küche – und passen ideal zu kräftigen Braten.

2 küchenfertige Wildenten, Salz
60 g Butter, ¼ Liter Wasser, 250 g saure Sahne
1 Glas (100–120 ml) Rotwein, 20 g Mehl

Die Wildenten mit Salz einreiben. Butter in die Fettpfanne des Backofens geben. Den Ofen auf 220 °C vorheizen und die Enten in der Fettpfanne 30 Minuten bräunen. Das Wasser zugeben und weitere 1½ bis 2 Stunden braten. Die Enten herausnehmen, vierteln und die Bratensauce durch ein Sieb geben. Mit der sauren Sahne verfeinern und mit etwas Rotwein abschmecken. Zum Schluss die Sauce mit dem Mehl binden.

Dazu kann man nach Belieben Papaya-Orangen-Mus oder Mango-Apfel-Kürbis-Kompott servieren.

Papaya-Orangen-Mus

2 Papayas
⅛ Liter Wildgeflügelbrühe (s. S. 50/51)
⅛ Liter frisch gepresster Orangensaft
Salz, weißer Pfeffer, Paprikapulver, edelsüß

Die Papayas schälen, entkernen und das Fruchtfleisch klein schneiden. In der Brühe bei mäßiger Temperatur kochen lassen. Mit dem Mixstab zerkleinern und mit Orangensaft, Salz, Pfeffer und Paprikapulver fein abschmecken.

Mango-Apfel-Kürbis-Kompott

1–2 Mangos je nach Größe, 2 Äpfel
1 Stück Kürbis (ca. 125 g), ¼ Liter trockener Weißwein
evtl. etwas Zucker, 1–2 EL Apfelessig

Die Mangos schälen und das Fleisch in Stücken oder Scheiben vom Kern schneiden. Die Äpfel schälen, vom Kerngehäuse befreien und ebenfalls in Scheiben oder Stücke schneiden. Den Kürbis schälen, Kerne und faseriges Fleisch entfernen, würfeln. Mit dem Wein in einen Topf geben und bei mäßiger Temperatur 10 bis 15 Minuten köcheln lassen. Mit Zucker und Apfelessig abschmecken.

Ente mit Feigen

300 g getrocknete Feigen
¼ Liter trockener Sherry (Oloroso oder Amontillado)
2 küchenfertige Wildenten
oder 1 junge Flugente (ca. 1,5 kg)
Salz, Pfeffer
40 g Schweine- oder Butterschmalz
1 große Zwiebel, 2 Knoblauchzehen
300 ml Hühnerbrühe oder Wildgeflügelbrühe (s. S. 50 ff.)
abgeriebene Schale von ½ unbehandelten Zitrone
Brunnen- oder Gartenkresse zum Garnieren

Die Feigen zugedeckt über Nacht im Sherry einweichen. Am nächsten Tag in einen Topf geben und 10 Minuten sanft köcheln und im Sud erkalten lassen.
Den Backofen auf 200 °C vorheizen. Die Ente(n) innen und außen kalt abspülen und trockentupfen. An den fettreichen Stellen mehrmals einstechen. Die Ente(n) innen und außen mit Salz und Pfeffer einreiben. Das Schmalz in einem Bräter erhitzen und die Ente(n) mit der Brust nach unten hineinlegen, rundum anbraten. Die Ente(n) herausnehmen und mit dem Feigen-Sherry-Sud einpinseln. Das Fett aus dem Bräter abgießen. Die Ente(n) wieder hineinlegen und in den unteren Bereich des Backofens schieben. Nach 10 Minuten die Hitze auf 160 °C herunter schalten und das Geflügel 45 bis 60 Minuten garen.
Zwiebeln und Knoblauch abziehen und klein würfeln. 2 Esslöffel Entenfett aus dem Bräter in einer Pfanne erhitzen, Zwiebel und Knoblauch darin glasig dünsten. Feigensud unterrühren und etwas einkochen lassen. Einige Feigen zum Garnieren beiseite legen, die übrigen mit Zwiebeln, Knoblauch und Feigensud im Mixer pürieren und durch ein Sieb streichen. Die Zitronenschale einrühren und die Sauce mit Salz und Pfeffer abschmecken. Die Ente(n) zerteilen, mit Feigen und Brunnenkresse garnieren und mit der Sauce servieren.

Variante: In Abwandlung zu diesem nordspanischen Rezept – *Pato con Higos* – aus der Provinz Navarra gibt man in Katalonien gerne Dörrpflaumen, Rosinen, Pinienkerne und einen Schuss Rotwein zur Ente in der Kasserolle.
Wem zwei Wildenten oder eine ganze Flugente zu reichlich erscheinen, bereitet nur Entenschenkel oder -brust auf die beschriebene Art zu – aber in kürzerer Garzeit.

Pfälzer Feigen

Bereits mehrmals war die Rede vom günstigen Klima in der Pfalz, speziell der dem Oberrhein zugewandten Seite. So wuchsen schon – oder wachsen noch – an der Deutschen Weinstraße auch Feigenbäume, die eigentlich in Griechenland, der Türkei, in Italien oder Spanien kultiviert werden. Wie gut die pfälzischen Exemplare gedeihen, an niedrigen Bäumen, vor und im Schutz von Häusern, hängt immer von den Wintern in unseren Breiten ab.

750 g Feigen
⅜ Liter herber Weißwein
⅛ Liter Rotwein
5 TL Essigessenz
1 Stück Ingwerwurzel
2 Gewürznelken,
abgeriebene Schale von 1 unbehandelten Zitrone
500 g Zucker

Die nicht geschälten Feigen kalt abspülen und vorsichtig abtrocknen. Mehrmals mit einem Zahnstocher einstechen und in Gläser legen. Alle Zutaten in einem Topf aufkochen und heiß über die Früchte gießen. Die Gläser verschließen und 24 Stunden ruhen lassen. Den Sud danach abgießen, aufkochen und wieder heiß über die Früchte gießen. Das Gleiche noch zweimal nach jeweils 24 Stunden wiederholen. Die Gläser danach mit geeigneten Deckeln verschließen, so dass Konservierung für Monate gesichert ist.
Diese Feigen sind eine nicht alltägliche Beilage zu Wildbret und geschmortem Fleisch.

Entenragout mit Teltower Rübchen

2 küchenfertige Wildenten
oder 1 junge Flugente (ca. 1,5 kg)
Salz, Pfeffer, 2 EL Weizenmehl
100 g Butter oder Butterschmalz
2 Nelken, 4 Pimentkörner, 1 Kräutersträußchen
(Petersilie, Majoran, Thymian, Beifuß)
750 g kleine Teltower Rübchen
1 große Möhre, 4 Schalotten
¼ Liter Fleischbrühe oder Wildgeflügelbrühe (s. S. 50/51)
¼ Liter roter Portwein, 2 Sardellenfilets

Die Ente(n) säubern, kalt abwaschen, trockentupfen und vierteln. Mit Salz und Pfeffer einreiben und mit Mehl bestreuen. Butter(schmalz) in einem Bräter erhitzen und die Ente(n) goldbraun anbraten. Nelken, Pimentkörner und Kräutersträußchen zugeben, etwas Wasser angießen und im Backofen bei 200–210 °C gut 1–1½ Stunden schmoren lassen, ab und zu mit Bratensaft übergießen.
Etwa 10 Minuten vor Garende das Kräutersträußchen herausnehmen. Die Rübchen und die Möhre waschen und schälen. Die Möhre klein schneiden, eventuell auch größere Rübchen. Die Schalotten abziehen. Alles zu den Enten legen. Weiter schmoren lassen, bis die Rübchen leicht braun sind und der Bratensaft fast eingekocht ist. Die Enteteile herausnehmen und warm stellen.
Die Fleisch- oder Wildgeflügelbrühe und den Portwein an die Rübchen gießen. Die Sardellenfilets sehr fein hacken, dazugeben und noch 2 Minuten schmoren lassen. Mit Salz und Pfeffer abschmecken. Die Entenviertel auf die Rübchen legen und nochmals im Ofen kurz erhitzen. Mit Salzkartoffeln oder Kartoffelpüree servieren.

Geschmorte Wildenten mit Steckrüben

In unseren feuchten, seit ungefähr zehn Jahren auch wärmeren Zeiten finden Wildenten fast überall gute Bedingungen vor, zudem sind sie sehr anpassungsfähig. Neben Tauben ist die Stockente in unseren Breiten das wichtigste Wildgeflügel, das die Küche mit zahlreichen Rezepten bereichert. Das hier vorliegende stammt aus den ländlichen Regionen Westfalens.

2 küchenfertige Wildenten
Salz, Pfeffer
40 g Butterschmalz
4 Schalotten, 2 Möhren, 100 g Knollensellerie
¼ Liter kräftiger Rotwein
100 g Kartoffeln, 1 große Zwiebel
450 g Steckrüben, 20 g Butter
¼ Liter Fleischbrühe
oder Wildgeflügelbrühe (s. S. 50/51)
¼ Liter süße Sahne
1 Msp. abgeriebene Muskatnuss
¼ TL Rosmarinnadeln und
1 kleiner Zweig frischer Rosmarin

Die Enten kalt abspülen und trockentupfen. Innen und außen mit Salz und Pfeffer einreiben. Das Butterschmalz in einem Bräter erhitzen, die Enten rundherum anbraten, dann herausnehmen.
Die Schalotten abziehen, Möhren und Sellerie waschen, putzen, schälen und klein würfeln, in dem Bratfett anschwitzen und mit dem Rotwein ablöschen.
Die Enten auf das Gemüse geben und im Backofen bei 220 °C etwa 1½ bis 2 Stunden schmoren. Ab und zu mit Bratensaft übergießen.
Die Kartoffeln und die Zwiebel schälen, beides in Würfel schneiden. Die Steckrüben waschen, schälen und in Stifte schneiden. Die Butter in einer Pfanne zerlaufen lassen und alles kurz anrösten, dann mit der Fleischbrühe oder Wildgeflügelbrühe auffüllen und in etwa 20 Minuten weich garen. Die süße Sahne, etwas Salz, Pfeffer, Muskatnuss und die Rosmarinnadeln einrühren.
Die fertig gegarten Enten halbieren. Das Gemüse auf vorgewärmte Teller geben, die Entenhälften darauf anrichten und mit etwas Bratensaft umgießen. Mit frischen Rosmarinnadeln bestreuen.

TIPP: Die Kartoffeln, Steckrüben und Zwiebeln können genauso gut auch in den letzten 20 Minuten im Bräter mitgegart werden.

Geschmorte Tauben mit Pilzen

Auch auf Mallorca, woher dieses Rezept stammt, sind Reizker selten: Sie sprießen nur bei Regen, meist unter Pinien versteckt. Normal gelingt uns das Gericht mit dem schönen Namen *Colomins amb esclatasangs* auch mit anderen, leichter erhältlichen Pilzarten. Sie sollten nur recht kräftig schmecken, als Gegengewicht zum würzigen Taubenfleisch.

4 küchenfertige Wildtauben, Salz
1 EL Schweine- oder Butterschmalz
50 g durchwachsener Speck
8 kleine Zwiebeln
4 Knoblauchzehen
2 junge Möhren
¼ Liter trockener Weißwein
6 Pfefferkörner
2 Msp. Zimt
2 Nelken
2 TL Gemüsebrühe (Instant)
500 g Reizker oder andere Waldpilze

Die Tauben in Portionsstücke teilen und salzen. Das Schmalz in einer Schmorpfanne erhitzen und die bratfertigen Tauben rundherum goldbraun anbraten. Etwas Bratfett in eine kleine Pfanne abgießen. Den Speck in dünne Scheiben schneiden, in dieser Pfanne anbraten, danach auf die Tauben legen.

Zwiebeln und Knoblauch abziehen, größere Zwiebeln halbieren oder vierteln, den Knoblauch sehr fein schneiden oder zerdrücken. Die Möhren waschen, putzen und in kleine Würfel schneiden. Erneut in der Pfanne im verbliebenen Bratfett Zwiebeln, Knoblauch und Möhren gut anbraten. Mit Wein ablöschen, Gewürze und Gemüsebrühe dazugeben und aufkochen.

Den Backofen auf 200 °C vorheizen. Die Brühe mit den Gemüsen in die Schmorpfanne zu den Tauben geben und im vorgeheizten Ofen etwa 30 Minuten garen, falls nötig, dabei noch etwas Wasser angießen.

Die Pilze putzen, zu den Tauben dazulegen und das Ganze weitere 15–20 Minuten garen lassen, bis die Sauce sämig ist.

Ganz stilvoll wäre zu diesem köstlichen Gericht ein Weißwein aus Binisalem.

Kastanienfladen

Edelkastanien *(Castanea sativa)*, auch Esskastanien oder Maronen genannt, sind die Früchte des echten Kastanienbaumes. Er stammt ursprünglich aus Kleinasien und ist nach der Stadt Kastamonu im Pontischen Gebirge benannt. Heute sind Edelkastanien im ganzen Mittelmeerraum, aber auch in wärmeren Regionen Mitteleuropas – so entlang dem Oberrhein – beheimatet und die Früchte werden im Oktober gesammelt, wenn sie herabfallen. Sie besitzen hohen Nährwert – dank Kohlenhydraten und Eiweiß, jedoch wenig Fett – und enthalten auch viele Vitamine und Mineralstoffe. Durch den Koch- oder Röstvorgang werden die Kastanien mehlig und bekommen einen leicht süßen nussigen Geschmack. Damit stellen sie eine ideale Ergänzung zu allen Wildgerichten dar, besonders aber als Füllung für Federwild. Glasiert als Beilage (s. S. 110), mit Butter und Sahne als Maronenpüree oder zu dem Fladen hier verarbeitet, außerdem zu allerlei Desserts – die Verwendungsmöglichkeiten sind vielfältig.

3 EL Rosinen, 4 EL Walnusskerne
350 g Esskastanienmehl
Salz, 5 EL Olivenöl
5 EL Pinienkerne
2 Zweige Rosmarin

Zuerst die Rosinen in warmem Wasser einweichen und die Walnusskerne klein hacken. Das gesiebte Kastanienmehl mit wenig Wasser anrühren, darauf achten, dass es nicht klumpt. Anschließend diesen Brei mit etwa ½ Liter Wasser gut verrühren, am besten mit einem Schneebesen. Der Teig muss ganz glatt, dünnflüssig und cremig sein. Salz, 3 Esslöffel Olivenöl, 3 Esslöffel Pinienkerne, die Walnüsse und die abgetropften Rosinen gut einrühren.
Ein flaches rundes Kuchenblech mit etwa 26 cm Durchmesser mit reichlich Öl bestreichen, den Teig hineingießen, bis er etwa 1 cm hoch das Blech bedeckt. Die Oberfläche mit Pinienkernen und den abgezupften Rosmarinnadeln (Blättchen) bestreuen. Das restliche Olivenöl auf dem Teig locker verteilen. Im vorgeheizten Backofen bei 250–275 °C etwa ½ Stunde backen, bis der Fladen goldbraun und knusprig ist.

Elsässer Pastete

(Foto rechte Seite)

Zutaten für 6–8 Personen
600 g Hackfleisch vom Wildschwein
Für die Marinade:
knapp ¼ Liter Elsässer Riesling
1 Lorbeerblatt, 2 Gewürznelken, 1 Thymianzweig
Salz, schwarzer Pfeffer
Für den Teig:
280 g Mehl, Salz, 140 g Butter, ½ Ei, 1 Eigelb
Für die Füllung:
2 Zwiebeln, 80 g glatte Petersilie
40 g Butter, 150 g gekochter Schinken
1 TL Pastetengewürz
50–60 g Paniermehl
Butter für das Blech
1 Eigelb, 1 EL Milch

Das Hackfleisch in eine Schüssel geben und mit dem Wein übergießen. Das Lorbeerblatt, die Gewürznelken, den Thymianzweig, Salz und frisch gemahlenen Pfeffer zufügen. Abgedeckt über Nacht in den Kühlschrank stellen.
Für den Teig das Mehl mit dem Salz in eine Schüssel sieben. Die kalte Butter würfeln und mit den Fingerspitzen in das Mehl bröseln. Ei, Eigelb und etwa 40 ml kaltes Wasser in den Teig rühren und zu einer homogenen Masse verarbeiten. Mit einem Tuch bedecken und gekühlt 2 Stunden stehen lassen.
Für die Füllung die Zwiebeln abziehen und fein schneiden. Die Petersilie waschen, trockentupfen, die Blättchen von den Stielen zupfen und hacken. Die Butter erhitzen und die Zwiebeln kurz darin andünsten. Den Schinken würfeln.
Den überschüssigen Wein vom Fleisch abgießen. Lorbeerblatt, Gewürznelken und Thymian entfernen. Den Schinken, die Petersilie und die Zwiebeln zufügen. Mit Salz, Pfeffer und Pastetengewürz abschmecken. Eventuell etwas Paniermehl dazugeben und alles gut vermischen.
Ein Backblech einfetten. Den größten Teil des Teigs zu einem Rechteck von etwa 35 cm Länge und 20 cm Breite ausrollen und auf das gefettete Blech legen. In die Mitte des Teiges das restliche Paniermehl streuen. Die Fleischmasse darauf verteilen. Die Ränder hochklappen.
Eine zweite Platte als Deckel ausrollen und darauf legen. Die Nahtstellen fest zusammendrücken. In der Mitte der Pastete ein Luftloch von etwa 1,5 cm Durchmesser ausstechen und ein Papp- oder Papierröhrchen hineinstecken, damit beim Backen der Dampf entweichen kann. Aus Teigresten Verzierungen formen und die Pastete damit schmücken. Eigelb mit Milch verrühren und die Pastete damit bestreichen. Für etwa 70 Minuten in den auf 190 °C vorgeheizten Backofen stellen. Warm servieren. Dazu passt ein Blattsalat und der gleiche Elsässer Riesling, der für die Marinade genommen wurde.

Quiche mit Wildfleisch

Für den Teig:
120 g Quark, 1 Ei, 4 EL Öl, Salz
etwa 250 g Mehl, 3 TL Backpulver
Für den Belag:
je 1 Schalotte, Knoblauchzehe, Frühlingszwiebel
2 Zweige Petersilie, 30 g Butter, 2–3 EL Cognac
200 g Fleisch (Reste von Wildschwein, Reh oder Hirsch)
125 g Schweineleber, 100 g frischer Speck
1 Ei, 1 EL Mehl, Salz, schwarzer Pfeffer
abgeriebene Muskatnuss, 2–3 Msp. Piment
1 TL Pastetengewürz
je 2 Msp. getrockneter Thymian und Majoran
1–2 Msp. unbehandelte abgeriebene Zitronenschale
15 g Butter und 10 g Mehl für die Form
1 Eigelb und 2 EL Milch zum Bestreichen

Für den Teig Quark, Ei, Öl und Salz verrühren. Das Mehl mit dem Backpulver mischen und zufügen. Kurz durchkneten, 20 bis 30 Minuten abgedeckt ruhen lassen.
Währenddessen den Belag zubereiten: Die Schalotte und den Knoblauch abziehen, den Knoblauch zerdrücken, die Schalotte und die Frühlingszwiebel in Ringe schneiden. Die Petersilie waschen, trockentupfen, die Blättchen von den Stielen zupfen und hacken. In einer Pfanne die Butter erhitzen, die Schalotte darin andünsten, Knoblauch und Frühlingszwiebel kurz zufügen, mit Cognac ablöschen, die Mischung herausnehmen.
Fleischreste, Leber und frischen Speck nacheinander durch die feine Scheibe des Fleischwolfs drehen. Die Masse mit Ei und Mehl vermischen. Zwiebelmischung und Petersilie sowie die Gewürze zufügen.
Eine Porzellan- oder Keramikform von 26 cm Durchmesser einfetten und mit Mehl ausstreuen. ⅔ des Teigs ausrollen und hineingeben, die Ränder etwas hochziehen. Den restlichen Teig ausrollen und in Streifen von etwa 1 cm Breite schneiden. Alles 20 Minuten ruhen lassen. Den Fleischteig in die Form geben. Mit den Teigstreifen gitterartig belegen. Eigelb mit Milch verrühren und die Teigstreifen damit bestreichen. Im auf 200 °C vorgeheizten Backofen in 50 bis 60 Minuten backen.

Zum Abschluss: Desserts, Gebäck, Getränke

Was wäre ein ausgiebiges Mahl – oft ist es ja eine ausgesprochen festliche Tafel – ohne guten, selbst gemachten Nachtisch? Anders gefragt: Was erwarten Feinschmecker, wenn der Hauptgang aus Wild oder Wildgeflügel besteht? Mit hoher Wahrscheinlichkeit zweierlei: Die Zutaten für ein angemessenes Dessert sollen einen besonderen Charakter aufweisen. Und sie können gerne – mit zivilisationsbedingten Einschränkungen natürlich – prinzipiell von dort her stammen, wo auch das Wild selbst sich gerne an den Schätzen der Natur bedient. Was Reh oder Rebhuhn als besondere Leckerbissen betrachten mögen, hat natürlich selten mit dem zu tun, was wir Menschen uns in dieser Hinsicht genehmigen. Bei anderen Tieren dürften gewisse Übereinstimmungen in den Vorlieben für bestimmte „Leckereien" leichter zu finden sein.

Nehmen wir einmal Edelkastanien oder Brombeeren. Da fällt es nicht schwer zu verstehen, wieso wir uns aus Wald und Feld beinahe dasselbe zusammensuchen, was beispielsweise auch Wildschweine oder Füchse gleichsam als Dessert mögen. – Ein entscheidender Entwicklungsschritt wurde aber oft längst getan: Wir ernten Brombeeren oder Himbeeren für die Rote Grütze in der Regel von der über Jahre gebändigten und zurechtgestutzten Hecke hinterm Haus bzw. den an Stangen gezogenen Ranken ein paar Meter nebendran. Ihr gleichsam „wildes" Aroma haben viele Früchte aber noch nicht verloren. Und damit passt solch ein Dessert wieder ideal zum Thema.

Um so mehr gilt dieses Geschmacks-Argument für die wirklich in freier Natur gewachsenen Früchte. Denken wir nur an Heidelbeeren, die Sie vielleicht tatsächlich im Sommer eigenhändig stundenlang gesammelt haben, um sie sofort oder nach einem Intermezzo in der Tiefkühltruhe im Herbst oder Winter zu einem herrlichen Kuchen zu verarbeiten. Oder Schlehen(beeren), die erst dann vom Strauch gepflückt werden sollen, wenn sie bereits einen Frost erlebt haben. Veredelt zu aromatischem Schnaps sind sie leicht in der Lage, allerlei Erinnerungen zu wecken – bei Sammlern an lange Spaziergänge zu allen Jahreszeiten, bei Jägern an besondere Erlebnisse auf der Pirsch.

Man könnte diese Gedanken gerne weiterspinnen, die folgenden Rezepte werden Sie aber von alleine auf den Geschmack kommen lassen.

Pfarrhausdessert

Die Finnen gaben dem Dessert diesen Namen – im Original *Pappilan hätävara* –, weil das Pfarrhaus als Helfer in der Not bekannt ist. In der Tat ist die schnelle und einfache Zubereitung eine Hilfe, wenn überraschend Besuch kommt: Kuchenreste sind manchmal noch ein, zwei Tage nach dem Wochenende zur Hand. Beeren könnten zumindest im Sommer frisch vorhanden sein. Wer dann vorgesorgt hat, holt sie sich im Herbst und Winter aus der Tiefkühltruhe. Und Sahne ist ebenso schnell geschlagen.

¼ Liter süße Sahne
500 g Brombeeren
etwa 25 g Zucker
2 Msp. Zimtpulver
1 Msp. Nelkenpulver
Bisquits oder andere Kuchenreste

Die Sahne schlagen. Die Brombeeren verlesen und waschen, einige beiseite legen. Beeren mit Zucker, Zimt und Nelkenpulver mischen und unter die Sahne heben. Dessertschalen schichtweise mit Bisquits oder Kuchenresten und der Beeren-Sahne-Mischung füllen und etwas durchziehen lassen.
Zum Servieren mit Beeren und Sahne garnieren und zart mit Zimt bestreuen.

Rote Grütze mit Sahne

Rote Grütze scheint, je weiter nördlich man in Europa kommt, um so beliebter zu werden. Skandinavisch kommt die beschriebene und abgebildete Art mit Sahne daher, doch so ist man ihr auch in Norddeutschland alles andere als abgeneigt. – Wer Abwechslung mag, nimmt noch schwarze oder weiße Johannisbeeren hinzu, vielleicht auch Brombeeren oder Kirschen. Das verändert zwar die Farbe ein wenig, aber das geschieht auch, wenn wir die Grütze mit einer Vanillesauce kombinieren, einer beliebten Variante zur Sahne.

400 g rote Johannisbeeren, 500 g Himbeeren
knapp ¾ Liter schwarzer Johannisbeersaft
100 g Zucker (nach Geschmack und Süße der Früchte)
70–80 g Speisestärke
¼ Liter süße Sahne, 1–2 EL echter Vanillezucker

Johannisbeeren und Himbeeren – einige als Garnitur zurückbehalten – mit dem Johannisbeersaft, von dem man etwas zum Anrühren der Speisestärke zurückbehält, und dem Zucker zum Kochen bringen. Nach 3 Minuten Kochzeit alles durch ein Sieb streichen. Mit kalt angerührter Speisestärke binden und nochmals aufkochen lassen.

Wer will, kann einige unzerkleinerte Früchte vorsichtig unterheben. Die Sahne leicht schlagen, mit Vanillezucker abschmecken und zur Grütze servieren.

Variante: Vanillesauce

1 Vanilleschote, ½ Liter Milch, etwa 40 g Zucker
20–30 g Speisestärke, 1–2 Eigelb
nach Belieben 70–100 ml süße Sahne, geschlagen

Die Vanilleschote der Länge nach aufschneiden, das Mark herauskratzen. Die Milch – etwas zum Anrühren der Speisestärke zurückbehalten – mit Vanilleschote, Vanillemark und Zucker aufkochen. Die restliche kalte Milch mit der Speisestärke verrühren und in die kochende Milch geben. Kurz erneut aufkochen lassen und vom Herd nehmen. Das Eigelb mit etwas Sauce verquirlen und zurückgießen. Abkühlen lassen und dabei häufig rühren, damit sich keine Haut bildet. Wer mag, zieht unter die kalte Sauce zum Schluss noch etwas Schlagsahne.

TIPP: Wer eine kostbare Vanilleschote länger nutzen will, legt ein Stück davon längere Zeit in Zucker und nimmt sie vor der Weiterverarbeitung wieder heraus. Der Zucker nimmt den Vanillegeschmack auf und ist weit besser als synthetisch hergestellter Vanillinzucker.

Birnen in Barolo

Birnen gab es schon in der Antike auf dem europäischen Festland. Die Birne ist eine heimische Frucht, wird allerdings oft auf Quitten gepfropft. In Italien, dem weltgrößten Erzeugerland von Birnen, kennt man über tausend Sorten. *Pere al Barolo* ist somit nur ein winziger Ausschnitt aus dem breiten Spektrum an Möglichkeiten, mit der prächtigen Frucht Beilagen oder Desserts zu Wild zu komponieren.

4 reife Williamsbirnen
4 Gewürznelken
2 kleine Lorbeerblätter
1 Zimtstange
1 Stück abgeschälte Schale von einer unbehandelten Zitrone
125 g Zucker
¾ Liter Barolo oder ähnlich kräftiger Rotwein

Möglichst Birnen mit Stiel auswählen und schälen. Mit dem Stiel nach oben in einen hohen Topf setzen. Nelken, Lorbeerblätter, Zimtstange und Zitronenschale dazugeben. Zucker über die Birnen streuen und Wein darüber gießen.
Bei kräftiger Hitze zum Kochen bringen, dann die Hitze zurücknehmen und 1 knappe Stunde leise köcheln lassen. Durch Einstechen mit einer Gabel prüfen, ob die Birnen gar sind. Dann Früchte am Stiel herausnehmen, Rotwein noch etwas einkochen und die Birnen damit übergießen. Zimmerwarm servieren.

Zwetschgenparfait

Eine echte Leckerei ist dieses Dessert aus dem Elsass – und mit lauter bodenständigen Zutaten herzustellen. Vollreife Zwetschgen können es vom Geschmack und Aroma leicht mit vielen exotischen Obstsorten aufnehmen.

150 g Zwetschgenmark
150 g feiner Zucker
4 Eigelb
¼ Liter süße Sahne
etwas Zwetschgenschnaps

Zwetschgenmark und Zucker kochen, bis sich eine sirupähnliche Masse bildet. Etwas abkühlen lassen, Eigelb dazugeben, schaumig schlagen, bis die Masse ziemlich fest wird. Völlig erkalten lassen, die Sahne schlagen und unterheben, einige Tropfen Zwetschgenschnaps einträufeln.
Für 6 Stunden im Gefrierfach oder in der Tiefkühltruhe einfrieren.

Holunderbeer-Reis

Holundersträucher wachsen in unseren Breiten fast überall, besonders kräftige Exemplare erreichen die Größe von Bäumen. Jeder kann sich im Frühling die herrlich duftenden Blüten ins Haus holen – und zum Beispiel in einem Frittierteig zu einer echten Leckerei veredeln. Im Spätsommer reifen die Früchte an Dolden, am besten schmecken die vollreifen, fast schwarzen. Sie dürfen allerdings nicht roh gegessen werden, da diese Nierenreizstoffe enthalten. Das zubereitete Mus – „Hollermus" –, Gelee oder Kompott ist reich an Vitaminen und Mineralstoffen, sein markantes Aroma passt gut zu kräftigem Wildgeschmack von kalten oder warmen Braten von Hirsch oder Wildschwein, weniger zu zartem Wildgeflügel.

Zutaten für 5–6 Personen
6 Blatt weiße Gelatine
knapp ½ Liter Milch
1 Sternanis
1 Zimtstange
1 Vanilleschote
220 g Rundkornreis (Milchreis)
30 g Zucker
⅛ Liter süße Sahne
5–6 EL Holunderbeergelee
Butter für die Förmchen
Zum Servieren:
250 g Crème fraîche oder ¼ Liter süße Sahne

Die Gelatine in etwas kaltem Wasser einweichen und beiseite stellen. Die Milch mit Sternanis, Zimtstange und der aufgeschnittenen und ausgeschabten Vanilleschote zum Kochen bringen. Den Reis hineingeben, einmal durchheben und zugedeckt etwa 20 Minuten ausquellen lassen. Dann den Zucker einrühren und den Reis vom Herd nehmen. Die Gewürze entfernen. Die Gelatine ausdrücken und zu dem Reis mischen, nicht mehr erhitzen. Die Sahne schlagen und mit dem Holunderbeergelee unterziehen. Die Reismasse in eingefettete Becherförmchen füllen, kalt stellen und stürzen.
Den Reis mit Crème fraîche oder Schlagsahne servieren.

Kastaniendessert

Spuma di castagne – wörtlich übersetzt: Schaum aus Kastanien – rundet im Herbst manche Tessiner Festtagstafel ab. Noch besser schmeckt dieser feine Nachtisch, wenn man frische Edelkastanien verwendet und sie kocht, schält und passiert wie im nebenstehenden Rezept angegeben.

1 kg Esskastanienpüree
120 g Mascarpone (ersatzweise: Doppelrahm-Frischkäse)
4–5 EL Kirschwasser
80 g Zucker, 60 g Butter
200 g Amaretti, 100 ml Rum
Butter für die Form
Zum Garnieren:
150–200 ml süße Sahne
kandierte oder in Grappa eingelegte Kirschen

Das fertige Kastanienpüree in eine Schüssel geben und mit Mascarpone oder Frischkäse und Kirschwasser gut verrühren. Zucker und Butter in einer separaten Schüssel schaumig schlagen und unter das Kastanienpüree ziehen. Die Amaretti in Rum tränken.

Eine runde Springform mit Klarsichtfolie auslegen, mit Butter fetten und mit den getränkten Amaretti auskleiden. Die Kastanienmasse einfüllen, gut andrücken und mit den restlichen Amaretti zudecken. Über Nacht in den Kühlschrank stellen.

Die Sahne schlagen, die Kirschen in etwas Grappa legen. Das Dessert auf eine Platte stürzen und mit Schlagsahne und den Kirschen garniert servieren.

Kastanienravioli

Unter den zahlreichen leckeren Gerichten aus Edelkastanien sind die *tortelli di castagne* – wie manch andere Verfeinerung aus dem Tessin – dem Erfindungsreichtum jüngerer Zeiten zuzuordnen. Denn die Nouvelle Cuisine und ihre regionalen Weiterentwicklungen brachen nur zu gerne mit eingefahrenen Essgewohnheiten. So packte man beispielsweise überraschende Füllungen in bekannte Hüllen – und hat bis heute Erfolg damit.

Für die Füllung:
250 g gekochte Esskastanien
1 EL Pflaumenmarmelade
20 g Sultaninen
1 EL gemahlene Haselnüsse oder Mandeln
1 EL gezuckerter Kakao
Für den Teig:
300 g Mehl
1 TL Zucker
5 g Hefe
25 g Butter, 1 Msp. Salz
2 Eier, etwas Eiweiß
Zum Bestreuen:
etwas Puderzucker oder Zimtzucker

Für die Füllung die gekochten, geschälten Kastanien durch ein Metallsieb mit Handkurbel (*passevite*, Drehsieb oder „flotte Lotte") oder ein Haarsieb treiben. Mit den restlichen Füllungszutaten gut vermischen. Etwa 1 Stunde kühl stellen.

In der Zwischenzeit den Teig zubereiten: Das Mehl zu einem Kranz formen. Zucker und Hefe in die Vertiefung geben. Die Butter auf Zimmertemperatur bringen, von einem Ei ggf. etwas Eiweiß abtrennen. Weiche Butter, Salz und die Eier zur Mehlmischung geben. Alles zu einem Teig verarbeiten, der einem Spätzle- oder Nudelteig sehr ähnlich sein soll. Teig 30 bis 40 Minuten in der Wärme ruhen lassen.

Teig 2 bis 3 mm dünn ausrollen und mit einem Ausstecher runde Plätzchen von etwa 5 cm Durchmesser ausstechen. Auf die Mitte der Plätzchen etwas Füllung legen, den Rand mit Wasser oder Eiweiß bestreichen. Ein zweites Teigplätzchen darüber legen und gut andrücken.

Die Ravioli in leicht gesalzenem Wasser wenige Minuten sieden, herausnehmen, auf Haushaltspapier oder einem Tuch trocknen. Mit wenig Puderzucker oder Zimtzucker bestreuen und nach Geschmack auf einer Weinschaum- oder Vanillesauce servieren.

Betrunkene Kastanien

Auch in der sonnigen Toskana gibt es trübe Wintertage oder -wochen, mit Sturm, Regen oder Schnee. Dann rufen sich die Einheimischen den Sommer und Herbst ein wenig in Erinnerung beispielsweise mit solch einer gehaltvollen Zubereitung, die im Original *bruciate ubriache* heißt. Wer selbst jagt, erzählt sich zu diesem Anlass vielleicht Geschichten von Wildschweinen oder geht noch einmal in Gedanken auf die Pirsch. Kastanien passen hierzu ausgezeichnet. Und die mögen bekanntlich die wehrhaften Tiere, auch in der nicht-edlen Variante, mit der unsere Mägen nicht so viel anfangen.

750 g Esskastanien (Maroni)
⅛ Liter Grappa oder Rotwein
2 EL Zucker

Die Maroni kreuzweise einschneiden, rösten und schälen. In einer flachen Kasserolle mit Grappa oder Rotwein begießen und 1 Stunde durchziehen lassen. Dann leise erhitzen, mit Zucker bestreuen und flambieren. Das geht natürlich nur mit Grappa. Wer Rotwein verwendet, kann ihn etwas einkochen.

Durch das Erhitzen und Flambieren verfliegt viel vom Alkohol, aber das Aroma bleibt.

Gefüllte Datteln

Die rotbraunen, zuckerreichen, beerenförmigen Früchte der Dattelpalme werden schon seit Jahrtausenden genutzt. War es vor rund 5 000 Jahren das Zweistromland Mesopotamien, wo der erste erwerbsmäßige Anbau stattfand, so wird der Baum heute in vielen warmen Ländern und Kontinenten kultiviert: Nordafrika, Südasien, Mexiko und Australien zählen dazu.

Zutaten für etwa 20 Stück
300 g getrocknete Datteln
125 g Marzipanrohmasse
1 EL Apricot Brandy
60 g Puderzucker
Streifen von Orangeat und Zitronat
Zum Eintauchen:
bittere Schokoladenkuvertüre

Die Datteln längs aufritzen und die Kerne herauslösen. Die Marzipanrohmasse mit Apricot Brandy und Puderzucker verkneten.
Die Masse zu einer dünnen Wurst rollen. Diese in Stücke schneiden, die so lang wie Dattelkerne sind.
In jedes Marzipanstück einen Orangeat- oder Zitronatstreifen eindrücken und damit die Datteln füllen.
Die bittere Schokoladenkuvertüre im Wasserbad schmelzen. Gefüllte Datteln in die Schokolade tauchen und auf einem Pralinengitter fest werden lassen.

Feigenwurst und Quittenspeckle

Zutaten für 1 große Feigenwurst
250 g getrocknete Feigen
100 g entsteinte Trockenpflaumen
100 g getrocknete Aprikosen
je 3 EL Kirschwasser und Zitronensaft
⅛ Liter kräftiger Rotwein
je 25 g Zitronat und Orangeat
75 g fein gehackte Mandeln, 2 EL Honig

Die Stielansätze von den Feigen entfernen. Feigen, Pflaumen und Aprikosen klein schneiden, mit Kirschwasser, Zitronensaft und Rotwein übergießen. Die Früchte über Nacht einweichen. Zitronat und Orangeat in sehr feine Streifen schneiden. Am nächsten Tag die eingeweichten Früchte mit dem Mixstab pürieren. Orangeat, Zitronat, Mandeln und Honig zufügen. Alles gut verkneten. Die Masse einige Stunden trocknen lassen. Auf Pergamentpapier geben und mit angefeuchteten Händen eine Wurst formen. Die Wurst in das Papier einschlagen. Oben und unten mit Garn zubinden und einige Tage hängend trocknen lassen. Zum Servieren in Scheiben schneiden.

Ingwerwürfel

Zutaten für etwa 50 Stück
150 g Mehl
180 g ungeschälte, geriebene Mandeln
100 g Zucker
1 Msp. gemahlener Ingwer
140 g Butter
Zum Verzieren:
etwa 150 g Schokoladenkuvertüre
30 g klein geschnittener, kandierter Ingwer

Das Mehl auf ein Backbrett sieben. Mandeln, Zucker, gemahlenen Ingwer und klein geschnittene Butter dazugeben. Alles zu einem festen Teig verkneten.
Aus dem Teig einen länglichen Block von etwa 2,5 mal 2,5 cm Seitenfläche formen. So lange kalt stellen, bis die Masse schnittfest ist.
1 cm dicke Scheiben abschneiden und auf ein Blech mit Backtrennpapier legen. Backofen auf 180 °C, Gas Stufe 2, vorheizen und auf der mittleren Schiene 10 bis 12 Minuten lang backen.
Ingwerwürfel gut auskühlen lassen.
Inzwischen die Kuvertüre im Wasserbad schmelzen. Mit einem Teelöffel etwas Kuvertüre über jeden Würfel geben und mit je 1 Stückchen kandiertem Ingwer verzieren.

Zutaten für 1 Blech Quittenspeckle
2,5 kg Quitten
pro kg Quittenmark: 1 kg Zucker
100 g Zitronat oder Orangeat
1 kleiner Schöpflöffel vom Quitten-Kochwasser
2 cl Quitten- oder Birnengeist, evtl. etwas Zucker

Die Quitten mit einem feuchten Tuch sorgfältig abreiben, von Stiel und Blüte befreien, waschen und in einem Topf mit kaltem Wasser zum Kochen bringen.
Sobald die Quitten weich sind, die Haut abziehen und das Kernhaus entfernen. Die Früchte im Mixer fein pürieren oder durch ein Sieb streichen. Das entstandene Quittenmark abwiegen und die entsprechende Menge Zucker sowie fein gewiegtes oder geschnittenes Zitronat oder Orangeat und Kochwasser zufügen. Alles in einen Topf geben. Bei mäßiger Hitze unter Rühren so lange einkochen, bis die Masse in Klumpen vom Löffel fällt. Quitten- oder Birnengeist unterrühren.
Eine viereckige Form oder eine Marmor- oder Glasplatte mit kaltem Wasser abspülen und 1 bis 1,5 cm hoch mit der Quittenmasse bestreichen. Glatt streichen und bei Zimmertemperatur 6 bis 8 Tage trocknen lassen. Ist die Masse fest genug, mit einem scharfen Messer in kleine Rauten schneiden. Nach Belieben in Zucker wenden.

Holundersirup

Die Natur hält zum Glück manches bereit, um dessen Gedeihen wir uns normalerweise wenig Gedanken machen müssen: Holundersträucher gehören dazu. Willkommen und kulinarisch gut verwertbar sind bereits die Blüten im Frühling. Größere Bedeutung besitzen aber die kugeligen, vollreif fast schwarzen Beeren, aus denen wir köstlichen Sirup, Likör, Gelee – pur als Mus oder als Beimengung zu anderen Früchten, auch Suppen und Wein herstellen können.

500 g Holunderbeeren, schwarz und vollreif
etwa 150 ml Wasser
Zucker

Die Holunderbeeren vorsichtig waschen und mit einer Gabel von den Stielen streifen. Die Beeren in eine Pfanne geben und mit etwa 1 Tasse Wasser bedecken. Erhitzen und 10 Minuten leise kochen lassen.
Das Holundermus durch ein feines Küchentuch passieren und den Saft auffangen. Die Saftmenge abmessen und Zucker von drei Vierteln dieses Gewichts zugeben.
Den Sirup etwa 20 Minuten kochen lassen. Heiß in Flaschen abfüllen. Die gut verschlossenen Flaschen rund 3 Wochen vor Licht geschützt aufbewahren. Dann kann der Sirup mit beliebig viel Wasser und Eiswürfeln genossen werden – oder Desserts verfeinern.

Holunderblütensirup

8 Holunderblütenstängel
2 kg Zucker
30 g Zitronensäure

Die Holunderblüten abbrausen. In eine Schüssel geben und mit 1½ Liter Wasser auffüllen. Für 2 Tage an einem warmen Ort zugedeckt ziehen lassen. Das abgeseihte Holunderwasser mit dem Zucker in einen Topf geben, nach dem Aufkochen mit der Zitronensäure vermischen. Sofort in saubere Flaschen abfüllen und verschließen. Vermischt mit einem trockenen Weißwein oder Sekt ist dies ein köstlicher Aperitif.

Holunderkuchen

Für den Teig:
1 kg Kartoffeln
100 g Mehl
50 g Speisestärke
je 1 Prise geriebene Muskatnuss und Salz
1 Eigelb, 1 Ei
Fett für das Blech
Für den Belag:
500 g Holunderbeeren
2 Eier
2 EL Zucker
250 g saure Sahne oder Schmand

Die Kartoffeln am Vortag waschen und in der Schale kochen. Am nächsten Tag pellen und durch die Kartoffelpresse drücken. Mit den anderen Zutaten zu einem Teig verkneten. Auf einem gut gefetteten Blech dünn ausrollen.
Für den Belag die reifen Holunderbeeren vorsichtig waschen, sauber abstreifen, trockentupfen und auf dem Teig verteilen.
Die Eier mit dem Zucker schaumig schlagen und die saure Sahne oder den Schmand darunter heben. Diese Masse über die Holunderbeeren streichen.
Den Kuchen im vorgeheizten Backofen bei 220–230 °C etwa 20 Minuten backen.

Heidelbeer-Pie

Für den Teig:
150 g Butter
150 g brauner Zucker
2 Eier
2 TL Backpulver, 100 g Vollkornmehl
100 g gemahlene Haselnüsse oder Mandeln
Butter für die Form
Für den Belag:
350 g Heidelbeeren
400 g saure Sahne
2 Eier
80 g Zucker, 1 Päckchen Vanillezucker
abgeriebene Schale von ½ unbehandelten Zitrone
½ TL Anispulver

Für den Teig Butter und Zucker schaumig rühren. Die Eier zufügen und alles zusammen weiterschlagen. Das mit Backpulver gut vermischte und gesiebte Mehl sowie die Haselnüsse oder Mandeln zugeben. Eine Form mit 24 cm Durchmesser mit Butter ausstreichen und den Teig hineingeben.

Die Heidelbeeren waschen und trockentupfen. Alle anderen Zutaten verrühren. Die Heidelbeeren unterziehen und auf den Teig streichen. In dem auf 180 bis 200 °C vorgeheizten Backofen etwa 35 Minuten backen.

Warme Pfirsichtörtchen

Pfirsiche sind die Früchte des asiatischen Pfirsichbaumes, der heute vor allem am Nordrand des Mittelmeers und in Kalifornien angebaut wird. Ihr saftiges, im Idealfall würziges Fruchtfleisch fordert zu allerlei Kreationen heraus, wie ein Blick in Küchenlexika und spezielle Früchte-Kochbücher beweist. Wen wundert's bei solch gutem Geschmack?!

Für den Teig:
300 g Blätterteig (Tiefkühlware)
1 Eiweiß
Für den Belag:
2 reife Pfirsiche (weiß oder gelb) à etwa 150 g
Für den Guss:
1 Eigelb
3 EL Zucker
1½ EL Milch
3 EL geschälte, geriebene Mandeln
Zucker zum Bestreuen
Zum Bestreichen:
1 Eigelb
2 EL Pfirsich- oder Aprikosenkonfitüre

Den Blätterteig 3 mm ausrollen. 4 Rechtecke von etwa 8 mal 10 cm ausrädeln. Ein großes Backblech kalt abspülen. Teigstücke darauf auslegen. Aus dem verbliebenen Teig 1 cm breite Streifen ausrädeln. Die Teigrechtecke am Rand mit verquirltem Eiweiß bestreichen. Die Teigstreifen als Rand aufsetzen.

Die Pfirsiche kurz in heißes Wasser tauchen, schälen, entkernen und in dünne Scheibchen schneiden.

Für den Guss Eigelb mit dem Zucker zu einer sämigen Creme schlagen. Mit Milch und Mandeln mischen. Den Guss auf dem Teig verteilen. Die Pfirsichscheiben auf der Füllung anordnen und mit Zucker bestreuen.

Zum Bestreichen das Eigelb verquirlen und die Teigränder damit bestreichen.

Den Backofen auf 200 °C vorheizen, die Törtchen 15 Minuten backen.

Die Konfitüre durch ein Sieb passieren und die Pfirsiche damit bestreichen. Lauwarm servieren.

Heidelbeerkuchen

In einem alten Kochbuch werden Heidelbeeren und Holunderbeeren in einem Atemzug als sehr geeignet und charaktervoll genannt. Wer ihre Verwendung als Kuchenbelag schon kennen gelernt hat, kann dem nur zustimmen. Im Elsass, woher dieses Rezept stammt, gibt es im August sogar richtige Heidelbeer-Feste. Und im Odenwald, Grenzland zwischen Hessen, Baden-Württemberg und Bayern, gilt Kartoffelsuppe mit anschließendem Heidelbeerkuchen als echte Spezialität.

Für den Teig:
200 g Mehl, 100 g Butter
10 g Zucker, 1 Prise Salz, 2 EL Wasser
Butter für die Form
Für den Belag:
400 g frische Heidelbeeren
Für den Guss:
1 Ei, ⅛ Liter süße Sahne, 1–2 EL Zucker

Die Teigzutaten mit einem Rührgerät oder sehr gut von Hand vermischen. Den Teig ausrollen und in eine gefettete Backform von etwa 20 cm Durchmesser legen.

Die Heidelbeeren waschen, trockentupfen und auf dem Teig verteilen.

Für den Guss das Ei in einer Schüssel verquirlen, die Sahne und den Zucker unterrühren und über die Heidelbeeren gießen.

Im vorgeheizten Backofen bei 180 °C 15 bis 20 Minuten backen.

Heidelbeerlikör

2 kg Heidelbeeren
1 kg Zucker
Saft von 1 Zitrone
2 Tütchen Vanillezucker
375 ml Branntwein
1 Msp. Nelkenpulver
1 Msp. Zimtpulver
Zum Auffüllen:
250 ml Branntwein

Die Früchte verlesen, abspülen und abtropfen lassen. Mit dem Zucker in eine Schüssel geben, grob zerdrücken und zugedeckt 1 Stunde ziehen lassen.

Den Fruchtbrei mit dem Mixer pürieren und durch ein Sieb in einen Topf streichen. Zusammen mit Zitronensaft und Vanillezucker 5 Minuten köcheln lassen. Abkühlen lassen und den Branntwein und die Gewürze unterrühren. Durch einen Trichter in Flaschen füllen.

Zugekorkt 8 Tage an einem warmen Ort stehen lassen. Jeden Tag schütteln. Dann den restlichen Branntwein zugießen. Gut schütteln und alles noch einmal filtern.

In gut ausgespülte und trockene Flaschen gießen, verkorken und ab und zu schütteln. Nach frühestens einem halben Jahr ausschenken.

Heidelbeerwein

Sicher kann man in Thüringen, woher dieses Rezept stammt, nicht das alleinige Urheberrecht für diese Veredelung beanspruchen. Dafür gibt es im deutsch-österreichisch-elsässischen Sprachraum viel zu viele Mittelgebirge und Waldgebiete mit vorwiegend mageren Böden, auf denen die niedrigen Heidelbeersträucher gedeihen: von den Vogesen über den Odenwald bis in den Harz zum Beispiel. Die Früchte – auch Blau-, Bick- oder Schwarzbeeren genannt – sind begehrt, man muss nur Zeit und Muße mitbringen, bis Schalen oder Eimer gefüllt sind.

3 kg Heidelbeeren
300–400 g Zucker
je 1 Prise Zimtpulver und Nelkenpulver

Die Heidelbeeren verlesen, waschen und abtropfen lassen. Mit 1 Liter Wasser in einem großen Topf erhitzen und etwa 15 Minuten kräftig zusammenkochen lassen. Den Saft durch ein Leinentuch in einen anderen Topf drücken und zugedeckt stehen lassen, bis sich das restliche Fruchtfleisch vollends gesetzt hat.

Dann den Saft vorsichtig abgießen und mit dem Zucker und den Gewürzen noch einige Minuten leise kochen. Abkühlen lassen, in saubere, trockene Flaschen füllen, diese nur locker verkorken.

Mehrere Monate diesen Wein wie anderen Wein auch im Keller aufbewahren, ehe er probiert wird.

Likör aus grünen Nüssen und Grappa

Einst von den Kapuzinermönchen des Klosters Bigório im Tessin erfunden, wird dieser Likör – im Original *Ratafià* genannt – dort von Familien selbst zubereitet. Nach einem alten Aberglauben wird er aber nur dann richtig gut, wenn die Nüsse (es handelt sich um noch unreife Walnüsse) in der Johannisnacht, der Nacht von San Giovanni am 24. Juni, gesammelt werden.

1 Liter Grappa
300 g grüne Nüsse mit Schale
250 g grobkörniger Zucker
20 g Vanillezucker
2 Gewürznelken
etwas geriebene Muskatnuss
1–2 Stangen Zimt
2–3 Blätter Farnkraut

Den Grappa mit allen Zutaten in eine große Flasche abfüllen und verschließen. 40 Tage in der Sonne gären und 40 Tage im Schatten reifen lassen.
Nach dieser Zeit wird der Likör filtriert und in Flaschen abgefüllt. Er eignet sich als Verfeinerung für verschiedene Süßspeisen, zum Beispiel für Vanilleeis wie auf dem Foto.

Schlehenschnaps

In Finnland wird der Rhythmus der Natur von der breiten Bevölkerung noch weit mehr beachtet als in mitteleuropäischen Breiten. So kann man viele Finnen im Spätsommer und Herbst in den Wäldern beim Sammeln verschiedener Wildbeeren antreffen: Multbeeren, *lakka*, kommen nur in den nördlichen Landesteilen vor, ebenso *mesimarja*, eine Himbeerenart. Moosbeeren, *karpalo*, und Preiselbeeren, *puolukka*, wachsen jedoch überall. Die blassroten Früchte der Moosbeeren werden reif oder überreif im September/Oktober gesammelt, sind reich an Pektinen, Vitaminen und Mineralstoffen, aber weniger aromatisch als Preiselbeeren. Diese Zwergsträucher sind ebenso verbreitet und kommen in den Alpen und in Skandinavien vor. Die Früchte reifen von August bis Oktober, schmecken herbsauer, können nicht roh verzehrt werden, enthalten viele Mineralstoffe, Vitamin C und Benzoesäure, die für Haltbarkeit sorgt. Preiselbeerkompott oder -konfitüre ist eine ausgezeichnete Beilage zu Wildbraten, Schmorgerichten und Kurzgebratenem und eignet sich zum Abschmecken von Saucen. Auch Moosbeeren werden zu Kompott und Konfitüren verarbeitet und zu allen Wildgerichten gereicht.

Die weißen Blüten des Schwarz- oder Schlehdornstrauchs bestimmen im Frühjahr das Bild mancher Landschaft zwischen Nordafrika, Skandinavien und Sibirien. Für die schwarzblauen Früchte braucht man Geduld: Sie werden erst nach stärkerem Herbstfrost gesammelt. Das danach weichere und süßere Fruchtfleisch enthält Provitamin A, Vitamin B und C sowie Mineralstoffe. Außer wie hier zu Schnaps lassen sich Schlehenbeeren natürlich zu Gelee, Saft, Wein und Likör verarbeiten. Schlehen getrocknet oder süßsauer eingelegt eignen sich bestens als Beilage zu Wildgerichten.

1½ Tassen (etwa 200 g) Schlehenbeeren
2 TL Honig
½ Liter 40%er reiner Schnaps

Die Schlehen waschen und ins Gefrierfach legen. Gefroren in eine Flasche füllen. Den Honig zufügen und mit dem Schnaps auffüllen. Nach 3 bis 4 Monaten hat man einen wunderbar aromatischen Schlehenschnaps.

Kleines Abc der Jägersprache

Wie die Rossnarren verfügen auch die Jäger über einen spezifischen und reichhaltigen Wortschatz, dessen Vokabeln den nichtjagenden Zeitgenossen in der Regel jedoch genauso unverständlich sind wie die Termini technici der Hippologen. Das ist das eigentliche „Jägerlatein" – mit dem heutzutage freilich erfundene, aber für den Laien glaubwürdige Erlebnisse aus dem jagdlichen Alltag bezeichnet werden. Früher wurde unter diesem Begriff allerdings die Sprache der Jäger verstanden. Denn wenn die sich über ihr Tun unterhielten, bekamen andere Zuhörer ebenso wenig mit wie beim Latein, in dem Ärzte, Pastoren oder Apotheker mitunter ihre Unterhaltung pflegten. So mühsam erlernbar wie die lingua latina ist die der jagenden Menschheit allerdings nicht. Immerhin verfügt sie über rund 12 000 Worte und Begriffe – von denen nun einige zum besseren Verständnis „übersetzt" werden.

A

Abbalgen: Abziehen der Haut mitsamt dem Fell bei Hase, Kaninchen und Raubwild.

Abendstrich: das Fliegen der Gänse, Enten und Schnepfen am Abend.

Abschussbock: ein körperlich und gehörnmäßig schlecht entwickelter Rehbock.

Alttier: weibliches Hirschwild, nachdem es das erste Junge gesetzt hat.

Ansprechen: Beurteilen des Wildes nach Geschlecht, Alter, Stärke oder Trophäe.

Äsen: Abfressen von Pflanzen durch Wildtiere.

Aufbrechen: Entfernen der Innereien, nachdem das Wild erlegt worden ist.

Aushaken: Herausziehen der Innereien durch den Darmausgang mit einem Haken beim Federwild.

B

Bache: weibliches Wildschwein vom vollendeten zweiten Lebensjahr an.

Bartgams: Gamsbock, der auf dem Rücken lange Haare trägt, die er „aufstellen" kann.

Blatt: vorderer Teil des Rumpfes beim Schalenwild.

Blattschuss: Schuss auf das Blatt, hinter dem Herz und Lunge liegen.

Blume: Schwanz des Hasen und Wildkaninchens.

Brunft: Paarungszeit allen Schalenwildes außer den Wildschweinen.

Büchse: Gewehr für den Schuss mit der Kugel.

C

Cerviden: zoologische Bezeichnung für die Familie der Hirsche.

D

Decke: Haut allen Schalenwildes mit Ausnahme der Wildschweine.

Deutscher Jagdschutz-Verband: Dachorganisation der Jäger.

Dreiläufer: Hase im Alter von drei bis vier Monaten.

Drossel: Luftröhre allen Schalenwildes.

E

Einstand: Gebiet, das vom Schalenwild als Ruhezone gewählt wird.

Erlegen: waidgerechtes Töten des Wildes.

Erntebock: Rehbock, der den Höhepunkt seiner Trophäen-Entwicklung erreicht hat – also fünf bis sechs Jahre alt ist.

Erpel: männliche Ente.

F

Fallwild: durch Unglücksfälle, Krankheit, Hunger oder Kälte getötetes Wild.

Fangschuss: Töten von krankem oder angeschossenem Wild aus kurzer Entfernung.

Federwild: Sammelbezeichnung für die jagdbaren Wildvögel.

Fehlen: vorbeischießen.

Feist: das unter der Decke liegende Fett des Schalenwildes mit Ausnahme der Sauen.

Flinte: Gewehr, aus dem Schrot verschossen wird.

Frischen: Gebären bei den Sauen.

Frischling: junges Wildschwein bis zur Vollendung des ersten Lebensjahres.

G

Gehörn: Hauptschmuck des Rehbocks.

Geiß: weibliches Reh-, Gams- und Steinwild vom vollendeten zweiten Lebensjahr an.

Geräusch: Herz, Lunge, Leber und Nieren des Schalenwildes.

Gescheide: Eingeweide des Wildes.

Gewaff: hervorstehende Eckzähne im Ober- und Unterkiefer des männlichen Wildschweins.

Geweih: Hauptschmuck des Hirsches.

H

Haarwild: wildlebende Säugetiere, die ein Fell tragen.

Hauptschwein: kapitales männliches Wildschwein.

Hautgout: fauliger Geruch und Geschmack länger abgelagerten Wildfleisches, das in diesem Zustand heute abgelehnt wird.

Hege: Maßnahmen des Jägers zum Schutz und zur Pflege des Wildes.

Heiliger Hubertus: Schutzpatron der Jagd und der Jäger.

I

Infantrist: Fasan, der auf dem Boden laufend zu fliehen versucht.

J

Jagd: Nachstellen, Fangen und Töten von Wild nach den Regeln des Jagdrechts.
Jägerprüfung: Sachkundeprüfung für angehende Jäger in schriftlicher und mündlicher Form; wird auch das „grüne Abitur" genannt.

K

Kahlwild: weibliche und junge Tiere im ersten Lebensjahr des Hirschwildes.
Kalb: Hirschwild beiderlei Geschlechts bis zum 31. März des auf die Geburt folgenden Jahres.
Keiler: männliches Wildschwein vom vollendeten zweiten Lebensjahr an.
Kette: eine Familie von Rebhühnern oder Wachteln.
Kitz: männliches und weibliches Reh- sowie Gams- und Steinwild bis zum 31. März des auf die Geburt folgenden Jahres.
Knopfbock: Rehbock mit kümmerlicher Gehörnbildung.
Krone: oberster Teil des Geweihs beim Rothirsch, wenn er mehr als zwei Sprossen oder Enden hat.
Kurzwildbret: Hodensack des Schalenwildes und der Jagdhunde.

L

Lauf: Bein des Schalenwildes.
Lauscher: Ohren beim Schalenwild mit Ausnahme des Wildschweins.
Lecker: Zunge des Schalenwildes. Beim Wildschwein hat dieser Körperteil keinen waidmännischen Namen, sondern heißt einfach „Zunge".
Lichter: Augen des Schalenwildes.
Löffel: Ohren bei Hase und Kaninchen.
Losung: Exkremente des Wildes, die bei den Hühnervögeln „Gestüber" genannt werden.

M

Mahnen: nasale Laute des weiblichen Rotwildes, mit denen in erster Linie das Kalb, in der Brunft aber auch der Hirsch gelockt werden.
Maral: asiatische Hirschart.

N

Nachsuche: Verfolgen und Erlegen krankgeschossenen Wildes mit dem Hund.
Nadeln: Abäsen von Fichten-, Tannen- oder Kiefern-Nadeln durch das Auer- oder Birkwild.

O

Orgeln: Schreien des Rothirsches in der Brunft, auch „Röhren" genannt.

P

Pansen: Magen der Wiederkäuer.
Pinsel: Haarbüschel am Geschlechtsteil des männlichen Schalenwildes.
Pürzel: Schwanz von Wildschwein, Dachs, Schnepfe, Ente und Gans.

Q

Quaste: behaartes Pürzel-Ende des männlichen Wildschweins.

R

Rammler: männlicher Hase und männliches Kaninchen.
Rauschzeit: Begattungszeit der Wildschweine.
Ricke: ausgewachsenes weibliches Reh, das in Süddeutschland „Gais" genannt wird.
Rickenkitz: weibliches Rehkitz.
Rote Arbeit: das Aufbrechen des Wildes.
Rotte: größere Zahl von Wildschweinen.
Rotwild: Sammelbezeichnung für männliches und weibliches Hirschwild unserer Breiten wegen der roten bis rotbraunen Farbe seiner Decke.
Rute: Glied des männlichen Schalenwildes.

S

Satzhase: weiblicher Hase, auch „Häsin" genannt.
Schalenwild: alles Wild, das auf Schalen „zieht" bzw. läuft. Als „Schalen" werden die gespaltenen Hufe der Wisente und des Elch-, Rot-, Dam-, Sika-, Reh-, Gams-, Stein- und Muffelwildes sowie der Wildschweine bezeichnet.
Scharwild: ein Gamsrudel, das sich aus Geißen, Kitzen und jungen, noch nicht geschlechtsreifen Böcken zusammensetzt.
Schaufler: Damhirsch, der mehr als vier Jahre alt ist.
Schmalreh: weibliches Reh im zweiten Lebensjahr.
Schmaltier: weibliches Rot-, Dam- und Sikawild im zweiten Lebensjahr.
Schof: Enten- oder Gänsefamilie.
Schrote: 2,5 bis 4 mm dicke Metallkörner, die in eine Papp- oder Plastikhülse gefüllt mit dem in der Bodenkappe eingelassenen Zündsatz die Schrotpatrone bilden. Mit ihr werden Hasen, Kaninchen und alles Federwild geschossen.
Schwarzwild: Wildschweine, im Sommer grauschwarz, im Winter schwarz gefärbt, werden von Jägern auch „Schwarzkittel" genannt.
Schweiß: das Blut allen Wildes, wenn es aus dem Körper tritt.
Setzen: Gebären beim Schalenwild mit Ausnahme der Wildschweine.
Sprung: Ansammlung von mindestens drei Rehen.
Ständer: Beine des Federwildes.
Stingel: Hals des Auerhahns.

T

Teller: Ohren des Wildschweins.
Träger: Hals des Schalenwildes.

U

Überläufer: Wildschwein im zweiten Lebensjahr.
Unwaidmännisch: jede Handlung, die nicht den Gesetzen und Geboten der Jagd entspricht.

V

Verenden: Sterben des Wildes.
Vergrämen: Wild durch wiederholte Beunruhigung stören.
Verludern: Angeschossenes Wild, das nicht rechtzeitig oder überhaupt nicht gefunden wird, „verludert".

W

Waidgerecht: Verhalten des Jägers nach den geschriebenen und ungeschriebenen Gesetzen der Jagd.
Waidwerk: umfassende Bezeichnung für den Begriff „Jagd".
Wechsel: der Pfad, auf dem das Wild regelmäßig hin- und herzieht.
Wedel: Schwanz des Schalenwildes mit Ausnahme der Wildschweine.
Wildbret: Fleisch von Wildtieren.
Wurf: Rüssel des Wildschweins.

Z

Zeichnen: Reaktion des Wildes nach dem Schuss.
Zerwirken: Zerlegen des Wildes.
Ziemer: Rücken des Schalenwildes.
Zügel: schwarz-braune Streifen im sonst weißen Gesicht des Gamswildes.
Zur Strecke bringen: Erlegen des Wildes.

Die Jägersprache ist fester Bestandteil des jagdlichen Brauchtums und hat sich über einen langen Zeitraum entwickelt. Ihre dem normalen Ohr fremd, aber trotzdem eindrucksvoll klingenden Worte wurden zum Teil schon im 7. und 8. Jahrhundert geschrieben und gesprochen. Zu voller Bedeutung kam das „Jägerlatein" aber erst im 15. und 16. Jahrhundert – und hatte seine Blüte wohl im Barock. Im Vergleich zu anderen Zunftsprachen wird sein Vokabular als das ausgebildetste und umfangreichste bezeichnet. Jacob Grimm, der Altmeister der deutschen Sprachwissenschaft, nennt die Jägersprache poetisch und episch, weil sie eine Fülle von bildhaften Wörtern enthält, mit denen sie viele Begriffe plastisch ausdrückt und darstellt. Diese Sprache sollte – ja muss – jeder Jäger beherrschen. Sie zu gebrauchen bedeutet ja nicht, sich des Kauderwelschs eines im Verborgenen existierenden Geheimbundes zu bedienen – sondern ist die Pflege eines Kulturgutes, das von vielen Generationen von Waidmännern entwickelt und an uns überliefert wurde. Wenn ein Jäger einen falschen Begriff benutzt, zum Beispiel die Augen des Fuchses nicht Seher nennt oder seine Ohren nicht Gehöre, dann „verblefft" er sich übrigens. In früheren Zeiten bekam er dafür nach geltendem Jagdbrauch eine wohl angemessene Zahl von „Pfunden" – das heißt, dass ihm mit dem Waidblatt, dem großen, breiten Jagdmesser, kräftige Schläge auf die Kehrseite verabreicht wurden. Zu einem solchen Fall von „Sprachverunglimpfung" schrieb Martin Strasser von Kollnitz in seiner Anfang des 17. Jahrhunderts entstandenen Handschrift Folgendes:

„Wan man ainen Waidmann umb dergleichen Versprechen wil mit dem Waidmösser strafen, so sol man ihn lassen zu ainer Pankh, oder zu einem umbgefallenen Paumb, Stockh, Pichele oder Stain niederknien lassen ... ime das Waidmösser zu jeder Erzöllung aines begangenen Fals zümblich empfindlich auf den Arsch schlagen".

Jagd- und Schonzeiten in der Bundesrepublik Deutschland

§ 1 (1) Die Jagd darf ausgeübt werden auf		April	Mai	Juni	Juli	Aug.	Sept.	Okt.	Nov.	Dez.	Jan.	Febr.	Mrz.
Rotwild	Kälber											28	
	Schmalspießer											28	
	Schmaltiere												
	Hirsche und Alttiere												
Dam- und Sikawild	Kälber											28	
	Schmalspießer											28	
	Schmaltiere												
	Hirsche und Alttiere												
Rehwild	Kitze											28	
	Schmalrehe			16									
	Ricken												
	Böcke			16				15					
Gamswild										15			
Muffelwild													
Schwarzwild				16									
Feldhasen											15		
Stein- und Baummarder								16				28	
Iltisse												28	
Hermeline												28	
Mauswiesel												28	
Dachse													
Seehunde													
Auer-, Birk- und Rackelhähne													
Rebhühner										15			
Fasanen											15		
Wildtruthähne			15								15		15
Wildtruthennen											15		
Ringel- und Türkentauben													
Höckerschwäne											15		
Graugänse											15		
Bläss-, Saat-, Ringel- und Kanadagänse											15		
Stockenten											15		
alle übrigen Wildenten außer Brand-, Eider-, Eis-, Kolben-, Löffel-, Moor-, Schell- und Schnatterenten											15		
Waldschnepfen									16		15		
Blässhühner											15		
Lachmöwen					16								
Sturm-, Silber-, Mantel- und Heringsmöwen						16							

☐ Schonzeiten   ☐ Jagdzeiten

© 1985 Deutscher Jagdschutz-Verband e.V.

Das Bundesjagdgesetz ist ein Rahmengesetz. Das heißt, dass jedes der 16 Länder der Bundesrepublik Deutschland von ihm abweichende Jagd- und Schonzeiten erlassen kann. Beispielsweise haben Auer-, Birk- und Rackelhähne bei uns keine Jagdzeit mehr. Dagegen können Frischlinge in 9 Bundesländern ganzjährig bejagt werden. In ebenfalls 9 Bundesländern endet die Jagd auf alles Rotwild bereits am 31. Januar – in Rheinland-Pfalz sogar schon am 19. Januar.

Schonzeiten berücksichtigen die Bedürfnisse der Wildarten und helfen, ihren Fortbestand zu sichern. Es entspricht den Grundsätzen der Waidgerechtigkeit und ist für die Jäger eine Selbstverständlichkeit, während der Setzzeit des Haarwildes, und den Brutzeiten des Federwildes sowie bis zum Selbstständigwerden der Jungtiere die Jagd ruhen zu lassen. Während der Jagdzeiten schöpft der Jäger maßvoll und verantwortungsbewusst den Bestandzuwachs ab.

Die Rezepte alphabetisch

Soweit in den Rezepten nichts anderes vermerkt ist,
sind die Zutaten für vier Personen berechnet.

Bäuerlicher Kaninchenbraten 130
Bauernbrot, Bördeländer 74
Betrunkene Kastanien 155
Bierkaninchen, flämisches 102
Birnen in Barolo 151
Birnen süßsauer 94
Blätterteigtaschen 60
Bördeländer Bauernbrot 74
Brotsauce 74

Cognacquitten, Pfälzer 126
Cumberland-Sauce 58

Damhirschragout mit
    Birnenkompott 94
Datteln, gefüllte 156
Dippehas (Has im Topf) 129

Elchbraten 92
Elsässer Pastete 146
Ente mit Feigen 140
Entenragout mit Teltower
    Rübchen 142

Fasanen-Essenz mit Klößchen 66
Fasanensuppe mit Tropfteig 66
Fasan, getrüffelter 133
Fasan in Weinblättern 132
Feigen, Pfälzer 140
Feigenwurst 156
Flämisches Bierkaninchen 102
Fränkische Klöße 120
Frischlingskeule auf
    Apfelweinsauce 120
Frischlingskeule mit
    Backpflaumen 122

Gamspfeffer 88
Gamsschlegel in Weinbeize 88
Gebeiztes Wildkaninchen 100
Gebratene Weinkartoffeln 124
Gebratene Wildenten 138
Geflügelfüllungen, zwei
    Varianten 136
Gefüllte Datteln 156
Gefüllte Rebhühner 134

Gefüllte Hirschkoteletts 110
Gefüllte Steinpilze 72
Gefüllte Wachteln mit Trauben 136
Geräucherte Rehkeule 74
Geschmorte Tauben mit Pilzen 144
Geschmorte Wildenten mit
    Steckrüben 142
Getrüffelter Fasan 133

Hagebuttensuppe 62
Hase ländlicher Art 98
Hasenrücken nach Art der
    Provence 128
Hasentaschen in Wildbrühe 64
Hasenterrine 60
Has im Topf/ Dippehas 129
Heidelbeerkuchen 161
Heidelbeerlikör 162
Heidelbeer-Pie 160
Heidelbeerwein 162
Hirschkoteletts, gefüllte 110
Hirschpilav, kroatischer 90
Hirschragout, steirisches 112
Holunderbeer-Reis 152
Holunderblütensirup 158
Holunderkuchen 158
Holundersirup 158

Ingwerwürfel 157

Kaninchenbraten, bäuerlicher 130
Kartoffelbrei-Varianten 82
    Bernykartoffeln
    Herzoginkartoffeln
    Kartoffelkroketten
    Macaire-Kartoffeln
    Mandelkrusteln
Kartoffelklöße 122
Kartoffel-Pilz-Suppe 68
Kastanien, betrunkene 155
Kastaniendessert 154
Kastanienfladen 145
Kastaniengemüse 110
Kastanienravioli 154
Klöße, fränkische 120
Kroatischer Hirschpilav 90

Likör aus grünen Nüssen und
    Grappa 164

Mango-Apfel-Kürbis-Kompott 138
Marinaden und Beizen
    (Grundrezepte) 54/55
Mus vom Jungfasan 70

Ofenkartoffeln 84

Papaya-Orangen-Mus 138
Pastete, Elsässer 146
Pfälzer Cognacquitten 126
Pfälzer Feigen 140
Pfarrhausdessert 150
Pfirsichtörtchen, warme 160
Pilze in Rahmsauce 92
Pilz-Omelett 72
Pilzsuppe aus der Toskana 68
Polenta 88

Quiche mit Wildfleisch 146
Quittenspeckle 156/157

Rebhuhn gefüllt mit
    Steinpilzen 104
Rebhuhn in Grünkohl 134
Rebhühner, gefüllte 134
Rehgeschnetzeltes, Osterwiecker 80
Rehkeule 118
Rehkeule, geräucherte 74
Rehleberspätzle 116
Rehnüsschen mit Brokkoli 78
Rehpörkölt mit Klößchen 96
Rehrücken Baden-Baden 114
Rehrücken nach Braumeisterart 116
Rehschnitte mit Orangen 78
Rentiersteak 80
Rosmarinkartoffeln 84
Rote Grütze mit Sahne oder
    Vanillesauce 152
Runzelkartoffeln und Kanarischer
    Mojo 100

Schlehenschnaps 164
Semmelknödel 88

Steinpilze, gefüllte 72
Steirisches Hirschragout 112

Tauben, geschmorte, mit Pilzen 144

Wachtelbrüstchen mit
    Apfel-Pflaumen-Sauce 70
Wachteln in Schokoladensauce 106
Wachteln, gefüllte, mit Trauben 136
Waldgnocchi 112
Warme Pfirsichtörtchen 160
Weinkartoffeln, gebratene 124
Wildbrühe und Wildkraftbrühe
    (Grundrezept) 52
Wildenten, gebratene 138
Wildenten, geschmorte, mit
    Steckrüben 142
Wildgeflügel- und Wildgeflügel-
    kraftbrühe (Grundrezept) 51
Wildgeflügelsalat 62
Wildkaninchen in Kapernsauce 99
Wildkaninchen mit Sardellen 102
Wildkaninchen nach Art von
    Reggio 130
Wildkaninchen, gebeiztes 100
Wildsalat/ Variante
    Wildgeflügelsalat 62
Wildsaucen mit Varianten
    (Grundrezept) 52–54
Wildschwein in Schoko-Pflaumen-
    Sauce 84
Wildschweinkeule 126
Wildschweinkoteletts mit
    Waldpilzen 82
Wildschweinrücken Sachsenwälder
    Art 124
Wildsuppe unter Blätterteig 64
Wildterrine 58

Zwetschgenparfait 152

Kleines Sachregister

kursiv = Abbildung und/oder Nennung in einer Bildlegende

Alces alces – Elch 20 f., **21**

Beizjagd (mit Greifvögeln) 13
Birkhuhn – *Lyrurus tetrix* 34, **35**

Canis lupus – Wolf 11
Capreolus capreolus –
    Rehwild 22 f., **22**
Cervus elaphus – Hirsch, Rothirsch
    7, 19 ff.

Doppelbefruchtung/ Superfetation
    (bei Wildkaninchen) 28
Damwild, Damhirsch –
    Dama dama 21 f., **23**
Drückjagd 14, 41

Elch – *Alces alces* 20 f., **21**

Fasan, Fasanarten –
    Phasianus colchicus, P. torquatus,
    P. mongolicus, P. versicolor,
    P. tenebrosus 31 f., **32**
Friedrich II., Kaiser 13

Gamswild –
    Rupicapra rupicapra 24, **24**
Geweihbildung beim Hirsch 19 f.
Graugans – *Anser anser* 36 f., **37**
Großohr- oder Maultierhirsch 23

Hase, Feldhase –
    Lepus europaeus 28, **29**
Hirsch, siehe auch Rotwild 19 ff.
Homo erectus (Menschenart der
    Vorzeit) 10

Kanadagans – *Branta canadensis* 36
Kaninchen, siehe Wildkaninchen
Karl der Große, Kaiser 12 f.
Keimruhe (bei Rehen) 23
„Küchenschuss" 39 f.

Linné, Carl von 19

Maximilian I., Kaiser 14 f.

Mufflon, Muffelwild –
    Ovis musimon 24

Parforcejagd 15

Rauhfußhühner: Haselhuhn,
    Auerhuhn, Birkhuhn, Alpenschnee-
    huhn 34
Rebhuhn – *Perdix perdix* 32 f., **32**
Reh(wild) –
    Capreolus capreolus 22 f., **22**
Ren(wild) – *Rangifer tarandus* 23
Ringeltaube –
    Columba palumbus 35, **35**
Rotwild, Rothirsch – *Cervus*
    elaphus 7, 19 ff.
Rupicapra rupicapra –
    Gamswild 24, **24**

Schneeziege, Schneegams,
    Schneegämse/-gemse 17
Schnepfenvögel,
    Fam. Scolopacidae 35
Schwarzwild, Wildschwein –
    Sus scrofa **16**, 26 f., **26, 27**
(zu) Strecke legen **2**, 41
Steinwild, Steinbock –
    Capra ibex 24, **25**
Stockente –
    Anas platyrhynchos 36, **36**
Sus scrofa – Schwarzwild, Wild-
    schwein

Tot-Signal **2/4**, 41
Treibjagd **38/39**

Wachtel –
    Coturnix coturnix 33 f., **34**
Wapiti oder Weißwedelhirsch
    18/19, 23
Wildenten, Fa. Anatidae 36 f.
Wildgänse **30/31**, 36 f., **37**
Wildkaninchen – *Oryctolagus*
    caniculus 28, **28**
Wildpferd – *Equus przewalski* 10
Wildschwein, siehe auch
    Schwarzwild
Wildtauben, Fam. Columbidae 35 f.
Wildtruthuhn 33, **33**
Wolf – *Canis lupus* 11

Die Rezepte nach Wildarten und anderen Zutaten

Grundrezepte Brühen, Saucen, Marinaden, Beizen
Wildgeflügel- und Wildgeflügelkraftbrühe 51
Wildbrühe und Wildkraftbrühe 52
Wildsaucen mit Varianten 52–54
    Wildrahmsauce
    Rehsauce
    Wildpfeffersauce
    Wacholdersauce
    Rotweinsauce
Essig- oder Weinmarinade 54
Kräutermarinade 55
Buttermilchbeize 55
Marinade mit Olivenöl 55
Gekochte Marinade 55

HAARWILD
Damwild
Damhirschragout mit Birnenkompott 94
Elch
Elchbraten 92
Gamswild
Gamspfeffer 88
Gamsschlegel in Weinbeize 88
Hase
Hasentaschen in Wildbrühe 64
Hasenterrine 60
Hase ländlicher Art 98
Hasenrücken nach Art der Provence 128
Dippehas/Has im Topf 129
Hirsch/Rotwild
Blätterteigtaschen 60
Wildsuppe unter Blätterteig 64
Wildterrine 58
Kroatischer Hirschpilav 90
Gefüllte Hirschkoteletts 110
Steirisches Hirschragout 112
Quiche mit Wildfleisch 146
Rehwild
Blätterteigtaschen 60
Wildsuppe unter Blätterteig 64
Wildterrine 58
Geräucherte Rehkeule 74
Rehnüsschen mit Brokkoli 78

Rehschnitte mit Orangen 78
Rehgeschnetzeltes, Osterwiecker 80
Rehpörkölt mit Klößchen 96
Rehrücken Baden-Baden 114
Rehrücken nach Braumeisterart 116
Rehleberspätzle 116
Rehkeule 118
Quiche mit Wildfleisch 146
Ren
Rentiersteak 80
Wildkaninchen
Wildkaninchen in Kapernsauce 99
Gebeiztes Wildkaninchen 100
Wildkaninchen mit Sardellen 102
Flämisches Bierkaninchen 102
Bäuerlicher Kaninchenbraten 130
Wildkaninchen nach Art von Reggio 130
Wildschwein/Schwarzwild
Blätterteigtaschen 60
Wildsuppe unter Blätterteig 64
Wildschweinkoteletts mit Waldpilzen 82
Wildschwein in Schoko-Pflaumen-Sauce 84
Frischlingskeule auf Apfelweinsauce 120
Frischlingskeule mit Backpflaumen 122
Wildschweinrücken Sachsenwälder Art 124
Wildschweinkeule 126
Elsässer Pastete 146
Quiche mit Wildfleisch 146

FEDERWILD
Fasan
Wildgeflügelsalat 62
Fasanen-Essenz mit Klößchen 66
Fasanensuppe mit Tropfteig 66
Mus vom Jungfasan 70
Fasan in Weinblättern 132
Getrüffelter Fasan 133
Rebhuhn
Rebhuhn gefüllt mit Steinpilzen 104
Rebhuhn in Grünkohl 134
Gefüllte Rebhühner 134

Zwei Varianten Geflügelfüllungen 136
Wachtel
Wachtelbrüstchen mit Apfel-Pflaumen-Sauce 70
Wachteln in Schokoladensauce 106
Gefüllte Wachteln mit Trauben 136
Wildente
Wildgeflügelsalat 62
Gebratene Wildenten 138
Entenragout mit Teltower Rübchen 142
Geschmorte Wildenten mit Steckrüben 142
Wildtaube
Geschmorte Tauben mit Pilzen 144

Beilagen und Zutaten
Brot
Bördeländer Bauernbrot 74
Brotsauce 74
Semmelknödel 88

Früchte und Wildbeeren
Äpfel
Mango-Apfel-Kürbis-Kompott 138
Birnen
Birnen in Barolo 151
Birnenkompott, Damhirschragout mit 94
Birnen süßsauer 94
Rehrücken Baden-Baden 114
Brombeeren
Pfarrhausdessert 150
Datteln
Gefüllte Datteln 156
Feigen
Ente mit Feigen 140
Pfälzer Feigen 140
Feigenwurst 156
Hagebutten
Hagebuttensuppe 62
Heidelbeeren
Heidelbeer-Pie 160
Heidelbeerkuchen 161
Heidelbeerlikör 162
Heidelbeerwein 162

Himbeeren
Rote Grütze mit Sahne oder
    Vanillesauce 150
Holunder
Holunderbeer-Reis 152
Holunderkuchen 158
Holundersirup 158
Holunderblütensirup 158
Johannisbeeren
Rote Grütze mit Sahne oder
    Vanillesauce 150
Mango
Mango-Apfel-Kürbis-Kompott 138
Orangen
Rehschnitte mit Orangen 78
Hasenrücken nach Art der
    Provence 128
Papaya
Papaya-Orangen-Mus 138
Pfirsich
Warme Pfirsichtörtchen 160
Preiselbeeren
Cumberland-Sauce 58
Wildsalat 62
Quitten
Pfälzer Cognacquitten 126
Quittenspeckle 156/157
Schlehen
Schlehenschnaps 164
Trauben
Gefüllte Wachteln mit Trauben 136
Zwetschgen
Zwetschgenparfait 152

Gemüse
Rehnüsschen mit Brokkoli 78
Rebhuhn in Grünkohl 134
Mango-Apfel-Kürbis-Kompott 138
Entenragout mit Teltower
    Rübchen 142
Geschmorte Wildenten mit
    Steckrüben 142

Gewürze
Wildpfeffersauce 53
Wacholdersauce 54
Ingwerwürfel 157

Kartoffeln
Kartoffelbrei-Varianten 82
    Bernykartoffeln

Herzoginkartoffeln
Kartoffelkroketten
Macaire-Kartoffeln
Mandelkrusteln
Ofenkartoffeln 84
Rosmarinkartoffeln 84
Runzelkartoffeln und Kanarischer
    Mojo 100
Waldgnocchi 112
Fränkische Klöße 120
Kartoffelklöße 122
Gebratene Weinkartoffeln 124

Kastanien und Nüsse
Kastaniengemüse 110
Waldgnocchi 112
Kastanienfladen 145
Kastaniendessert 154
Kastanienravioli 154
Betrunkene Kastanien 155
Likör aus grünen Nüssen und
    Grappa 164

Maisgrieß
Polenta 88

Pilze
Kartoffel-Pilz-Suppe 68
Pilzsuppe aus der Toskana 68
Gefüllte Steinpilze 72
Pilz-Omelett 72
Wildschweinkoteletts mit
    Waldpilzen 82
Pilze in Rahmsauce 92
Rebhuhn gefüllt mit Steinpilzen 104
Getrüffelter Fasan 133
Geschmorte Tauben mit Pilzen 144

Wild in und mit Teig
Blätterteigtaschen 60
Wildsuppe unter Blätterteig 64
Elsässer Pastete 146
Quiche mit Wildfleisch 146

Begriffe und Techniken der Wildküche
Siehe Einleitung und S. 166–168, kleines ABC der Jägersprache

Abbalgen 42, 166
Aufbrechen 40, 166
Aushaken 41, 166
Auslösen, z. B. Blatt oder
    Keule 44 ff.
Ausweiden, Innereien von Hase,
Kaninchen und Federwild entfernen
42, 45

Bardieren, Umwickeln mit Speck
43, 46

Dressieren, Federwild in Form
bringen 45
Füllen, z. B. Hasen oder
Federwild 43, 46

Häuten 42

Parieren, z. B. Rehrücken oder
-keule 43 f.

Rupfen: Nassrupfen und Trockenrupfen 45

Spicken, z. B. Hasenrücken 43 f.

Tranchieren, Lösen des Bratens vom
Knochen 44, 46

Würzen unter der Haut 46

Zerwirken 42, 168

Benutzte und/oder zitierte Literatur

Basche/Schassberger
Wild und Geflügel
Künzelsau (Sigloch) 1986

Bezzel
Vögel
München (BLV)

Blüchel
Die Jagd
Köln (Könemann)

F. A. Brockhaus
Brockhaus Enzyklopädie

Döbel
Neueröffnete Jäger-Practica

Flemming
Der Vollkommene Teutsche Jäger

Haseder/Stinglwagner
Knaurs Großes Jagdlexikon
München

Autorenkollektiv
Das Buch der Jagd
München (Bucher)

Norden
Jagd-Brevier
(Neff)

Stern et al.
Rettet die Vögel
(Herbig)

Winckell, a. d.
Handbuch für Jäger und
Jagdberechtigte
(F. A. Brockhaus)

DJV-Handbuch

Verschiedene Ausgaben von Wild
und Hund
Nassau (Paul Parey)

GEO 9/98
Hamburg (Gruner und Jahr)

Hinzu kommt breite Unterstützung von einigen Menschen, die der Sigloch Edition verbunden sind; allen dafür besten Dank!

Bildquellen

Argus-Fotoarchiv: Hartmut Schwarzbach 5 Mitte/38/39, 40

Save-Bild:
T. Brehm 22; R. Cramm 34; K. Honal 32 unten; F. Krahmer 37; R. Spönlein 2, 4 oben/7, 27 oben; G. Ziesler 23 oben

Sigloch Edition/Bildarchiv:
Hans Joachim Döbbelin Titel, 42, 43 (2), 44 (3), 46 (2), 48, 50 (4), 51 (8), 53 (3), 56/57, 76/77, 86/87, 106, 108/109, 148/149 sowie alle weiteren Rezeptbilder auf den geraden und ungeraden Seiten 59 bis 165; Erhard Hehl 8/9, 13, 14, 15 (2); Knauss 12; Metz 10; Peter Mueck 5 unten/42, 6, 41

Silvestris:
Benno Brosette 67 unten; Manfred Danegger 4 unten/29, 16, 24, 27 unten; Höfels 28; Stefan Meyers 26, 32 oben; K. Wothe 25

Tony Stone:
Daniel J. Cox 4 Mitte/18/19; David Fritts 17; David Madison 5 oben/30/31; Art Wolfe 33

Wildlife: 35 unten;
Daniel J. Cox 23 unten, 36; Jürgen Weber 35 oben; B. Zoller 21

Impressum

© Sigloch Edition,
Zeppelinstraße 35,
D-74653 Künzelsau
Nachdruck verboten. Alle Rechte vorbehalten. Printed in Germany
Reproduktion:
Otterbach Repro, Rastatt
Satz: Sigloch Edition, Künzelsau
Druck:
Druckerei W. Kohlhammer,
Stuttgart
Papier:
150 g/m² nopaCoat classic silk TCF,
Nordland Papier AG, Dörpen
Bindearbeiten:
Sigloch Buchbinderei, Künzelsau
ISBN 3-89393-173-2

Die Reihe für Kenner und Genießer

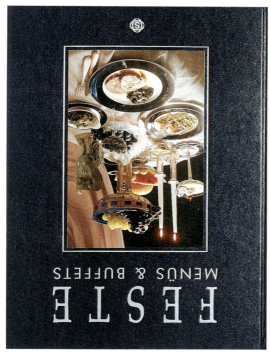

FESTE
MENÜS & BUFFETS

WEIN
ERLEBEN & GENIESSEN

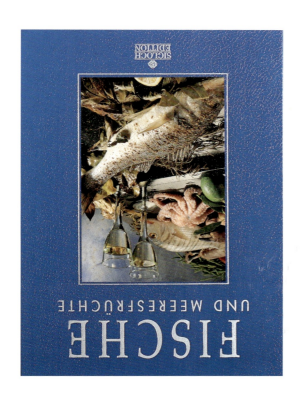

FISCHE
UND MEERESFRÜCHTE

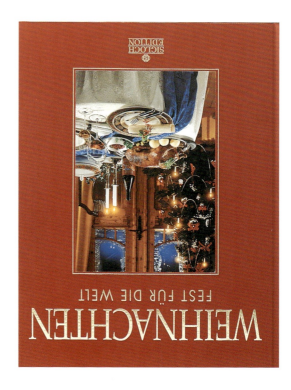

WEIHNACHTEN
FEST FÜR DIE WELT

Wild und Wildgeflügel

9783893317362